U0108785

警事調查檔案

警察指揮官手記

何明新　著

商務印書館

警事調查檔案

作　　者：何明新

責任編輯：蔡柷音

封面設計：張　毅

出　　版：商務印書館（香港）有限公司

　　　　　香港筲箕灣耀興道 3 號東滙廣場 8 樓

　　　　　http://www.commercialpress.com.hk

發　　行：香港聯合書刊物流有限公司

　　　　　香港新界大埔汀麗路 36 號中華商務印刷大廈 3 字樓

印　　刷：中華商務彩色印刷有限公司

　　　　　香港新界大埔汀麗路 36 號中華商務印刷大廈 14 字樓

版　　次：2019 年 7 月第 1 版第 1 次印刷

　　　　　©2019 商務印書館（香港）有限公司

　　　　　ISBN 978 962 07 6614 5

　　　　　Printed in Hong Kong

版權所有　不得翻印

序

感謝商務印書館於 2016 年 7 月替我出版了《警察指揮官手記》(簡稱《手記》)。書的內容主要以我於星島集團《頭條日報》週五專欄「猛料阿 Sir 講古」撰寫的內容為骨幹(香港稱警察為「阿 Sir」,而警察內部下屬會尊稱上級為「阿 Sir」,所以同事朋友一般都稱我為「何 Sir」),加以修改編排,及將一些或因話題敏感或篇幅太長,未在報章發表的文章載於《手記》內。

該書出版後,令很多人對香港警察的各方面有更深入的認識,過往大家認為的一些警隊神秘話題,如今都為大家一一揭開。特別是殖民地時期的管治方式,一些未為人知及有趣的小故事,甚或華人和中文地位提高了後,對香港警察以及對社會的影響等都向大家一一述說。

《手記》亦成為大眾了解香港警隊歷史的重要參考書,不但本地電影或電視製作團隊在搜集資料時經常參閱,很多外國和中國內地電影電視製作公司亦有參考本書,例如中央電視台的「百年警察之香港 1997」系列紀錄片。我亦有幸曾在一位國際知名、以香港為基地的華人大導演旗下的電影公司,擔任顧問,受聘一年,協助拍攝以香港警察

為題材的系列劇集。在不同報章及書店亦經常見到有些與本手記內容相近的文章或資料，感謝他們的錯愛，轉載本手記的資料。

《警事調查檔案》將繼續與各讀者分享警隊的大小故事和歷史，從中可以看到香港的生活與社會變化。

何明新

2019 年 5 月 31 日

香港

目錄

第二章　黃賭毒與黑社會

第三章　前線執勤生涯

第四章　警隊文化與本土情懷

附錄

鳴謝

第一章

警司話當年

香港六日戰爭

我們時常說很多東西要爭取才會有，這番話對香港有另一層意義。英國佔領及最後全面統治香港，主要分三個階段：1841年英軍登陸水坑口及佔領香港島，不費一兵一卒，雖然那時港島已有很多具規模的村落，例如香港村（現香港仔黃竹坑一帶）和赤柱村等，但當時好像沒甚麼人起來反抗；1860年割讓九龍半島時，亦沒有記錄有大型反抗，甚至有人（相信是英國人收買的漢奸）打鑼打鼓夾道歡迎英軍；不過在1898年租借新界時，當地原居民便有很大的反抗，更與英軍發生戰事，史稱為「六日戰爭」。

奮勇抗英

1899年4月14日至4月19日，新界鄉紳和族人不滿外國人使用武力及以不公義手段欺壓中國。當時他們全都歸順清廷及受清政府保護，更有族人是有官位的，不想傳統土地業權被強搶及侵佔，於是組織新界各鄉村的勢

力，組成不同的民間團隊抵抗英人入侵。新界原居民以最原始的武器和鄉勇，與殖民者最先進的火槍、大炮和戰船對壘。他們錯估清政府會協助他們抗英，可惜清政府官員、駐守九龍寨城的大鵬協副將只勸他們放棄抵抗，但這始終不是原居村民的意願，他們決定寧死不屈，與殖民者苦戰一場。在強弱懸殊的情況下，鄉人死傷慘重，苦戰五天，第六天便投降了。結果英軍只有兩名士兵受傷，而新界鄉勇則有幾百人喪生。

這次戰事雖敗猶榮，亦埋下日後新界人抗日的種子。

1899 年 2 月，新安縣政府向香港新界居民發佈的英國租借新界及離島公告。

輔政司駱克（左二）和廣東省署理地方監督道王存善（左一）於 1899 年 3 月在沙頭角和深圳勘察地界，沿途豎立界樁。

His Excellency the Governor will hoist the British Flag
at Tai-po-Hu at Noon on Monday, the 17th instant, on the
occasion of taking formal possession of the New Territory on
behalf of Her Majesty The QUEEN.

The honour of the presence of

Miss Mary Stewart Lockhart

is requested at the ceremony. The S.S. "Hankow" will leave
the Canton steamer wharf at 8 a.m. on the above date for the
conveyance of guests.

By Command,

J. H. STEWART LOCKHART,
Colonial Secretary.

Hongkong, 12th April, 1899.

駱克發出 1899 年 4 月 17 日在大埔墟舉行升英國國旗儀式邀請卡。但因新界居民集結及武力抗爭,被迫提早一天在大埔運頭角草草舉行。

當時英文雜誌 *The Graphic* 刊載了在港督卜力的指示下,駱克於 1899 年 4 月 16 日下午 2 時 50 分,在大埔墟升起英國國旗,宣示英國正式接管新界 99 年。

駱克為自己取中文譯名駱任廷，在香港和威海，他都用此中文名字與華人交往。

駱克（中）與副官（左）和山東巡撫周馥（右），攝於 1903 年。

他們的義氣、氣節，為自己的權利而戰，一般城市人不易理解。

為了保障殖民者的管治權威，英軍對抗英者窮追不捨，四處追緝抗英核心及策劃人士，未能逃出香港者，一一被捕殺或押至港島中區域多利監獄處以極刑，一個都不放過，寧枉勿縱。

建三間新界警署

當時處理新界劃地及管治工作的是輔政司駱克（James Stewart Lockhart）[1]，戰勝後，他和軍隊在新界元朗觀廷書

1　灣仔的駱克道以他的名字取名。駱克後來擔任山東威海衞行政長官，對香港招募山東威海人到港當警察有一定影響。

室駐紮了三個多月，制訂管治新界策略，將新界各區重新劃界，並和清政府確定了邊界位置。其中最重要的是興建警署，將管治權由英軍轉移到警察手上。

英國人很快在新界興建了三間大型警署，以應付未知的村民抗英行動。第一間建於大埔運頭角一個小山丘上，首次在該處升起英國旗，代表英政府正式接管新界（原警署現活化為綠滙學苑）；第二間是建於元朗屏山的屏山警署（現已改為屏山鄧族文物館暨文物徑訪客中心）；第三間是建於元朗凹頭的凹頭警署（已拆卸，現址為東華三院馬振玉紀念中學）。三間警署都位處新界三個最好的地方，殖民者稱為戰略地點，原居民稱為風水龍脈寶地。

另外的強硬政策是所有警察管理層均是英國人（有些是從英軍借調過來）或印度人。而懷柔一方則開始僱用當地年輕人當警察，大量招募新界人（特別是客家人）加入警隊，訓練他們對以英人為主的警察隊伍絕對服從，訓練後

舊大埔警署

1905 年，位於遠處小山丘上的屏山警署（圓圈位置）。屋頂漆上紅色，可俯瞰整個屏山村。

1987 年的屏山警署，當時是警犬
隊總部。

舊凹頭警署

送回原村，協助他們管理自己的鄉村，以華制華，以鄉里
管鄉里。所以直至五、六十年代，很多新界警察只懂客家
話和圍頭話。

強硬與懷柔政策並施

　　駱克知道英軍雖然取得壓倒性的勝利，但不得人心，
如要長治久安，一定要尊重新界各鄉各村的傳統習俗和文
化，如原居民對土地的使用權、男丁的繼承制度、通婚習
俗和與英國法例有不協調的地方等，這些他都一一讓步。
而新界原居民在使用土地的權利和得到的優惠，一直保留
至今。英國人的懷柔手段非常有效，只派很少官員，就能
治理好人口很多的地方。

　　除非重大刑事案件，一般只會用鄉例處理，其中很多

今天仍適用，例如很多村落仍可在農曆年放爆竹，政府只會勸喻而從不採取強硬行動，不想影響大家的和諧氣氛。

更有一説法謂殖民者當時僱用風水專家，用風水方法（殖民者的心理戰）去鎮壓當地鄉民，包括大埔和凹頭警署，均咬壓着當地主要龍脈，而屏山警署屋頂則塗上紅色，風水學説指當地是一個蟹地，蟹四處橫行，只有用火（屋頂紅色像火爐）便可將之收服云云。

這些都是昨天的事了，三間警署在香港回歸前已退下火線，拆卸或復修重歸民用，而屏山警署的屋頂已不再是紅色的了。

「被消失」的警署

　　一齣香港電影的背景資料引用了 1967 年發生的六七暴動，提到很多當年的政府檔案資料等有系統地「被消失」，此事不禁令我想起香港曾經有一間很有歷史和時代意義的警署，亦可能曾被港英政府使用不同手法將其「消失」。

　　那間警署叫銅鑼灣警署，它不是坐落於現今大家熟悉的銅鑼灣區，而是在炮台山電氣道，在岳王古廟與銅鑼灣街市之間。早年稱為 Bay View 警署，七十年代才改名為銅鑼灣警署。那處叫作銅鑼灣，可能因為是在銅鑼灣避風塘側。

　　銅鑼灣警署屬於一間小型分區警署，規模與現時位於西灣河的前筲箕灣警署（現香港島交通部警署）一樣。六十年代中至九十年代初，東區警區（現時的北角警署）屬下有銅鑼灣分區警署、北角分區警署、筲箕灣分區警署和柴灣分區警署，而柴灣分區之下又有石澳派出所（Shek O Post）。石澳派出所的主管，人人都叫他「澳督」。以上全部都不是繁忙的警署，即使筲箕灣和柴灣那時是黑社會集

銅鑼灣警署

筲箕灣警署（圖左），現為香港島交通部。

五、六十年代位於柴灣道的警崗

中地，但他們不會在區內搞事。而現今的小西灣是當時英軍的軍事情報中心，守衛森嚴，閒人和華人不得走近。

歷經六七暴動及八九民運

　　當時該區最忙碌的是銅鑼灣警署，因毗鄰就是商業區，有大型商場、日式百貨公司（大丸等）和戲院，人流較多，但最敏感的地方是維多利亞公園，該處多是公眾集會和公眾遊行的起點。當時港英政府嚴禁集會，1971 年，因釣魚台主權問題，香港發起了保釣運動，民眾發起多次集

會和示威遊行。較為人熟知的是 1971 年 7 月，有保釣人士在該處被警司威利（H. N. Whitley）帶隊打至頭破血流，那些人被控告非法集會，更被判入獄。

八十年代，《中英聯合聲明》簽署後，顯然遊行集會的限制被迫放寬，銅鑼灣警署成為主要辦理申請遊行示威的地方。很多當年活躍、現已退居幕後或逝世的社運人士都是該警署的常客，因為申請遊行示威必須親身到警署辦理（當時文字處理器〔Word Processor〕和圖文傳真機〔Fax〕剛引入香港）。警署更曾經被不同背景的社運人士包圍及貼大字報。

八十年代末，警察總部突然宣佈盡快關閉銅鑼灣警署，理由是節省開支，那時區內人士和區議員等都一致反對，但該警署仍按計劃於九十年代初關閉，曾短暫用作 O 記（有組織及三合會調查科）總部後，拆卸及賣地給地產商，建成商業大廈。

銅鑼灣警署突然關閉的原因可能與 1967 年暴動和 1989 年民運有關。1967 年暴動期間，該警署鄰近左派暴動基地 —— 北角僑冠大廈，於是該警署後來就用作策劃攻打左派基地的核心地方，據說當時工會人士曾滲透到警署內經營食堂。在八九民運期間，很多自稱民運人士到該處尋求政治庇護，後交由政治部處理。

香港第一諜案

　　更鮮為人知的是「香港第一諜案」的主角曾昭科，在五十年代末曾在銅鑼灣警署當署長（那時稱 Sub-divisional Inspector，SDI），並居於該警署宿舍。

　　曾昭科是滿洲旗人，1923 年生於廣州，小學畢業後來港，與其兄一同入讀九龍華仁書院。畢業時正值香港淪陷時期，被安排到日本早稻田大學讀書，後轉到京都帝國大學修讀經濟。1945 年日本戰敗投降，1947 年他畢業回港，加入香港警隊為副督察，曾駐守政治部、九龍刑事偵緝處及擔任銅鑼灣警署署長。他精通英、日等多種語言，亦曾擔任港督葛量洪（Sir Alexander Grantham）的保鑣。1961 年升為助理警司，被調往黃竹坑警察訓練學校（現今的香港警察學院）。

　　1961 年 10 月 1 日，香港警方在羅湖截獲一名右腿打上石膏的男子，發現其石膏內藏有一片微型底片，內容與中共特務有關，後經政治部嚴刑拷問，該男子供出接頭人是時任警察訓練學校副校長曾昭科。10 月 6 日，香港政府懷疑他替中國政府進行間諜活動，被政治部扣押在灣仔軍器廠街警察總部及西環摩星嶺「白屋」58 日後，在未經公開審訊下遞解出境，經羅湖遣送往中國內地。曾昭科被指潛伏於警隊內部及駐港英軍，負責蒐集高度機密的情報，

交中國政府。後來他在廣州定居，曾任暨南大學外語系教授，更為全國政協委員及全國人大代表。2014 年病逝，終年 91 歲。

至於他是否真的曾為中方間諜，還是被冤枉，至今仍是一個謎。

曾昭科（右）

1961 年當時報章廣泛報導遞解曾昭科出境的新聞

2014 年曾昭科逝世，習近平贈花圈弔唁。

2014 年曾昭科逝世新聞

公務繁忙的二號警署

　　2018 年年初，位於灣仔告士打道 123 號、已列作香港二級歷史建築的舊灣仔警署（又稱二號差館），其建在謝斐道的圍牆被一輛大貨車「烏龍擺尾」撞毀。這面圍牆建於 1932 年，已有近 90 年歷史。司機雖然後來將撞爛的磚頭逐一檢拾，放回警署「大地」（警署外的空地稱為「大地」，一般用作操練、檢閱、處理大量犯人等），讓保育專家日後再建圍牆，但維修圍牆一定所費不菲，更恐怕難回復原貌！

油水之地

　　講到這間警署，因它位於香港心臟地帶，在香港普遍貪污的年代，那區的黃賭毒事業非常蓬勃，成為有名的「油水」之地，更是黑社會不同堂口必爭和活躍的地區。黑幫廝殺、合謀從事非法勾當無日無之，造就了不少警察「猛人」在此發跡。很多「華探長」（在警隊階級中，沒有「華探長」這級別，以往分為高級警長〔Major/Crown Sergeant，俗

稱「咩喳」、警長〔Sergeant〕或警目〔Corporal，俗稱「兩柴」，屬初級警務人員〕）比香港電影描述的更有勢力和富有。現時一間在香港、澳門和國內不同城市都有分店、「吃鮑魚」馳名的酒樓，最初亦是由一位駐守灣仔的「華探長」開設和經營，後來為了逃避廉政專員公署（Independent Commission Against Corruption, ICAC）追蹤，便離開香

三十年代的舊灣仔警署，警署前仍未填海。

舊灣仔警署初期稱為東區警署，圖中 1968 年合照的警署，已改稱為灣仔警署。

港，將酒樓交給不是當差的掌舵人發揚光大，成為世界有名的「鮑魚阿一」。

ICAC 成立前，大貪官總警司葛柏（Peter Fitzroy Godber）已利用他的機場禁區通行證，坐飛機返回祖家英國。英國法庭認為那時香港為了打擊貪污而設立的「財富與官職收入不相稱」法例，違反了英國奉行的「無罪定律」精神，即是要被告人證明自己清白，所以英國政府拒絕引渡葛柏回港受審。而香港則民怨沸騰，一浪接一浪的「反貪污、捉葛柏」浪潮在社會不同階層發酵，政府不得不想辦法把葛柏引渡回港以息民怨，更要保持剛成立的 ICAC 的威信。結果找來正在赤柱監獄服刑的前灣仔洋人警司韓德（Ernest Hunt），他在接受優厚條件後，出庭指正華人警司鄭漢權為了得到灣仔的「油水」位，給了葛柏 25,000 元賄款，才被安排「坐正」，成為灣仔刑偵部警司。1975 年成功引渡葛柏回港受審。他的出逃亦促成了 ICAC 於 1974 年 2 月成立。

灣仔警署人才輩出

另外，灣仔是人煙密集的地區，七、八十年代香港政府大球場是主要的運動比賽和演唱會地點，許冠傑曾在該處舉辦多場演唱會；跑馬地馬場和當時新華社都是重要的

公眾活動和集會地點；酒吧區更是美軍放假時（尤其在越戰期間）醉生夢死的地方。多種多樣的工作性質令灣仔警署人才輩出，多任處長都曾駐守灣仔，今天警隊高層骨幹都曾於此警署服務，包括現時的首位女性警務處副處長，亦曾是灣仔警區的指揮官。

葛柏駐守交通部時攝

諷刺葛柏入獄的報章漫畫

八十年代，美國海軍憲兵（USN Shore Patrol）在灣仔酒吧區一帶「巡邏」。

山頂警署

　　基於戰略及防衞考慮，香港開埠不久，第五任港督羅便臣（Hercules Robinson）於 1859 年下令發展太平山山頂，首先開闢一條小路直通往山頂。後於 1864 年在山脊上（現時甘道公園近警隊博物館）興建一座軍人療養院，供染了瘧疾（當時又稱瘴氣病）的軍人療養，後來改為軍營。最後因軍人受不了山頂的瘴（霧）氣和冬天的濕冷天氣而棄用，整個軍營亦於 1923 年被颱風吹毀。

　　1869 年，山頂第一間警署在爐峰峽興建，稱為六號差館，因應山頂發展，1887 年在歌賦山興建了現時的山頂警署，而六號差館則改為單身警察宿舍，戰後用作貨倉至 1954 年拆卸。

　　興建山頂警署的最重要原因是自 1876 年起山頂成為外國人喜歡居住的地方（之前誤將山頂的霧氣當作山瘴氣，不敢建屋居住），加上香港人口大增，連接山頂與中區的蒸汽纜車於 1888 年開通（1926 年改為電動纜車），山頂成為香港外籍達官貴人的住宅區。不可不提的是，在香港開埠

至第二次世界大戰期間，華人除了得到港督恩准外，都不准住在山頂。

1902 年，港督的夏宮（夏天避暑別墅）亦在山頂竣工，當時被譽為「山頂區最宏偉壯觀的建築」，該別墅使用至三十年代便被粉嶺別墅取代。在日本人侵略香港時，該前

二十世紀初需要使用轎子和人力車上山頂

山頂警署外籍指揮官及其巡邏電單車 AM 8888

守衛室

港督夏宮被日軍洗劫後炸毀，殘餘部分在戰後亦遭拆卸，只餘下現時重建的舊總督山頂別墅守衞室，該守衞室由1951年至1960年代用作警崗，後改為開放給公眾參觀的展覽廳。

山上的警力

在二、三十年代，山頂警署主管是一名外籍高級警長，屬下有一名外籍警長、20位印度籍警員和20位威海衞警員（或稱魯警／山東警）。在日本人入侵香港前，山頂副主管沙展偉力頓（Willerton）負責建築山頂一帶的防禦工事，至今仍可見到部分防禦遺跡。但日本人佔領期間，山頂警署被佔用，很多人在此被虐待致死，當時幾乎所有居於山頂的人都被關進集中營或被迫遷離，山頂那時就像一座死城。

山頂警署已屹立在鑪峰130多載，保存了很多珍罕文物。如今還可看到當年山東警察工餘建造的小建築，例如魚池；面向維多利亞港的花園上則有一尊古炮，是六十年代在山頂一所大宅內發現的，當時合各人之力搬回警署，復修後成為「鎮館之寶」；更有一座用作遣兵調將的山頂道路及建築物模型。1953年，在警署擔任「花王」一職的威海衞籍警員2611徐鳳翔，見山頂門牌混亂，不是順序而列，而是以建屋的先後次序為號數。他便構思用水泥和石

膏去製造一個山頂區模型，方便同事及市民。他用工餘時間試造，成功後，由他的同鄉吧叻沙展 2526 于景澤陪同，去見署長尹路士（D. Furniss）說明模型用意。署長同意，將計劃呈上給中區（大館）警司史嘉路（W. Segrue）。徐的計劃最終獲得批准，他用了一個多月，成功製成這模型，更由史嘉路親自主持啟用儀式。之後十多年，由于景澤協助根據該區的變化來增減調整模型。

PEAK POLICE STATION MARCH 1961.
山頂警署一九六一年三月
TAKEN ON THE OCCASION OF THE TRANSFER OF THE S.D.I. SENIOR INSPECTOR MR. P. JACKSON
歡送署長高級督察積克匹先生榮調留影紀念

1961 年，威海衞的魯警與洋人署長留影。

早前的山頂警署開放日，警員穿上不同年代和
工種的警察制服。

山頂警署的「鎮館之寶」

山頂道路及建築物模型

香港法治鼻祖

　　大館（Tai Kwun），位於香港中環荷李活道 10 號的舊中區警署（曾稱中央警署），二戰前是香港警察總部，日佔時期為日軍港島指揮總部，是嚴刑拷問及處決華人的地方。戰後復修改為警隊香港島總部及中區警署，直至 2004 年停用。整個建築羣包括八十年代初停用、隸屬司法部的中央裁判署，隨警署停用的懲教署域多利監獄，及入境處的域多利羈留中心。建築羣由香港賽馬會撥款復修活化，統稱為「大館」。換句話說，大館由原本的警署，擴展到橫跨司法和刑法代表的建築羣。

　　經過多年工程，大館終於在 2018 年 5 月底開始分階段開放予公眾參觀。

　　5 月 18 日，我們一班當年協助提供口述歷史的「老差」獲邀舊地重遊，率先參觀復修後的建築羣。我們觀看多年前拍下的「口述歷史綜合版」，再看早前提供的工作照片，從熒幕上看見大家由當年的「黃毛小子」或「英俊不凡 / 年青貌美」變了今天的英雄 / 雌遲暮，感受良多。

值得鼓舞的是獲通知大館有百分之二十七的地方會用作商業用途，我覺得商業設施是必需的，讓此地除了有歷史價值，也能聚集本地及外地遊客，成為聚腳點，例如會售賣紀念品，提供小吃和餐飲等場所。更值得稱讚的是大

九十年代的大館

昔日中區警署報案室

館職員客串導賞員，帶領我們穿梭時空，走了一趟大館的歷史旅程，有系統和條理地把我們提供的資料，變成有趣生動的資訊向各人講解。我們在參觀途中亦難免有點「技癢」，向其他人講述昔日在此地的工作點滴。我更忍不住走到自己其中一個辦公室前留影。

走過法治大道

活化項目包括將整個建築羣的各項建築物，當中可以貫通及串連在一起，雖然當時部分仍在裝修，但我們可穿越兩個大地，由南面的前警察檢閱廣場走到懲教署的監獄操場（俗稱「放風」，供囚犯「抖氣」、舒展休息的地方）。走在大館中彷彿體驗了香港法治之道，從執法（中央警署）、司法（中央裁決署）走到懲教（域多利監獄），離開時經過贊善里（俗稱尼姑街，因以前有很多師姑庵堂），「重獲自由」，那是一條真真正正的「法治大道」。

近警署總部大樓的大地有一棵芒果樹，是建築羣中最古老和最有靈氣的古樹，牠曾經歷日本佔領香港的時期。我覺得往後可以在該處舉辦好像九龍廟街模式的「芒果樹頭講故」，讓一些街頭表演者在此定時表演。記得我們當年舉辦活動時亦邀請了一些小販，炒栗子、整花生糖、織草蜢到來贈興。

這裏真是屬於我們「香港本土」的寶地，可讓各人發揮不同的創意，勿讓這片保存得這麼好、曾經集執法、司法、懲教於一身的法治之地，淪為另一個商業項目。

昔日員佐級飯堂

昔日警官餐廳

ABCD 警察

十九世紀二、三十年代，香港流行一首童謠「ABCD，大頭綠衣，追賊唔到，吹 BB」，形容當時警察追賊和盜賊如毛的情況，還提醒街坊聽到 BB 聲（警笛）時要協助捉賊，發揮警民合作精神。那到底 ABCD 是甚麼？

香港警隊於 1844 年正式成立，開始在本地招募警察，當時有不同國籍的人士在香港生活，包括歐籍人士、印度人、巴斯人、白俄羅斯人、澳門土生葡葡牙人、本地中國人等。不同國籍的都可以投考警察，但殖民地政府為了保障英國人的利益，從英國和英聯邦國家例如印度、南非和澳洲等地直接招募男性來港當警察。殖民官員的征服者心態和種族觀念非常強，歧視嚴重，所有薪酬福利以英國人最好最多，其次是其他國籍人士，薪酬最低的是

1900 年初，華籍警察攝於中環大 Court 樓前（現時的香港終審法院）。

在本地招募的華人。不同國籍的警察穿着的制服和配備的槍械、武器會因各種考慮而有所不同，警員編號亦使用不同的英文字母識別。

用字母分等級

英國人為「大阿哥」，連帶其他歐籍人士受益，以「A」為字首分別警察的等級；其次是印度籍（當時印度是英國殖民地，巴基斯坦為英屬印度的一部分），以「B」為字首；第三等級為華籍，以「C」為首（與中國人的英文「Chinese」無關）。1923年，英國租借地山東威海（或稱威海衞）招募了一些山東人來港當差，他們是中國人模樣，跟本地華人相像，但山東人不懂廣東話。為了識別他們，就順理成章在他們的編號配上「D」字，有別於其他華人警察。

日本佔領香港時，日本人廢除了 ABCD 的分

AB 警察（左 B 右 A），可見領口的編號。

香港警校第八屆警長特訓班畢業典禮紀念 一九四六年九月五日新蒲崗代攝

1949 年二次大戰後，華籍警察已沒有 C 字。

級，1945 年戰後警隊重整時，將日佔時期當差（當時稱為
「憲查」）的人員在其警察編號前加一個「J」字（Japanese
occupation），以識別他們曾於日佔時期服務香港。直至
五十年代才將 ABCDJ 等字首全部取消，不再列警察等級。

　　1959 年，香港政府把特務警察、輔助警察、義務警察
等輔助隊伍整編為輔助警察隊時，為了與正規警察區別開
來，在他們肩章的編號前加了一個「A」字（代表 Auxiliary，
輔助），並一直沿用至今。今天大家仍可見到肩章職員編號
前有 A 字的輔助警察，而較高級的輔警警署警長至高級警
司的肩章則寫有「輔 HKAP 警」，並無「A」字及編號。

廣東和本地華人警察布章（左）及金屬肩章（右）

山東威海衛警察金屬肩章

五、六十年代外籍輔警委任證

香港的威海衞警察

　　十九世紀初，香港警察由不同國籍人士組成，除了因為本地華人不喜歡當差，殖民地政府亦以不同國籍人士來互相制衡，避免警員反叛，難於管治。駐港英軍亦是採取同樣做法，因為英軍來自英國本土不同地方，再加上僱傭兵尼泊爾兵團。雖然在本地人眼中他們沒有甚麼分別，同是洋人，其實他們有不同的生活習慣、民族歷史、語言，甚至仇恨。例如早期來自愛爾蘭的士兵便不喜歡來自英國的同袍，所以在港駐地亦要把他們分隔。

　　華人警察中最有歷史特色的主要是來自威海衞（現稱威海）的警察，第一批警察在威海衞訓練六個月後，於 1923 年 3 月 20 日到港，往後繼續分批來港，高峰期來自威海衞的佔總警察人數的五分之一。威海衞（包括劉公島）是英國向國民政府租借之地，由 1898 年至 1930 年止，但英國仍續租劉公島至 1940 年被日本佔據。在 1930 年後，香港政府仍不斷招募流散於中國各地的威海衞人來港當警察。

二次大戰後，威海衞人在香港警察內部已掌握一定權力，他們忠心和工作能力佳，得到殖民政府肯定，所以直至 1958 年香港仍持續招募來自或自稱來自威海衞的警察。

報酬吸引

在香港招募的威海衞警察，也被視為從威海衞本土招募而來。入學時每人可獲發 60 元，當作從威海衞乘船來港的船費，月薪外還有海外僑居津貼，每人需簽三年合約。很多人簽了三年又三年，直至移民外國、退休或轉為長俸後退休，但退休後返回故鄉的便絕無僅有了。

1950 年 10 月 7 日第九屆威海衞警察畢業相

威海衞警察姜樹莊高級警長（人稱大笨
象），1945 年第一期威海衞警察。

1981 年山東籍跑馬分區署長總督察戚其昭（右）與我攝於他的辦工室。

四、五十年代，警隊因經常招募威海衞警察，而且有津貼，很多人因此冒充威海衞人。據 1955 年 10 月入學堂的威海衞人邵金福所説，他之前是賣麵包和西餅的，月薪 60 元，但當差月薪和海外僑居津貼就有 160 元。1952 年入學堂的谷迅昭説他的同班中有很多外鄉人，有山東西府、青島、東北、上海，甚至廣東人。由於太多人冒充威海衞人，而實際上已很難招募額外的人員，1958 年 4 月 1 日警隊停止這項計劃，並停發海外僑居津貼。警察學堂已沒有威海衞班，只有混合班，即不同鄉的中國人加本地人同讀。畢順海説他雖然是威海衞人，但他於 1958 年 10 月入學堂時，已沒有僑居費了。

　　以上故事，是香港和中國國內一段差點被遺忘的歷史，慶幸威海市公安局訪問了很多位老前輩，收錄在《香港威海衞警察紀事》，這些故事才得以保存，供對這段歷史有興趣的人士參考。

《香港威海衛警察紀事》

紮頭紮腳

　　一位從基層出身而能登上高位（領導層）的人，我們多數都會稱對方是「紅褲子出身」。這種叫法源於粵劇界，傳說有一次玉皇大帝在睡夢中被正在戲棚演出的粵劇鑼鼓聲吵醒，命火神華光燒掉那戲棚。華光不忍，叫戲班弟子在戲棚內燃燒冥鏹和穿上紅褲子，令戲棚滿是煙霧，玉帝見他們下身全都火紅，便以為他們已被火燒，令戲棚和弟子能逃過大難。自此，戲班的小演員都會穿上紅褲子，梨園弟子亦供奉火神為華光先師。

　　在警察內部術語來講，就會用「紮頭紮腳」來形容從最低級警員做起，一步一步晉升到中高管理層的同事。五、六十年代開始，殖民地政府為了照顧來自祖家或英屬地的子民來港當警察，便想到把警察分為基層員佐級，為初級警務人員（Junior Police Officer, JPO）[2] 和警官（Officer）級。自始，加入警隊時便分有兩條隊伍——警員（Police

---

2　今日仍沿用員佐級制度。

Constable）和見習督察（Probationary Inspector）。但在五、六十年代只有英國本土或英屬地英籍人士，才能被挑選加入成為警官（見習督察），一般華人只能加入為員佐級警員（被戲劇化的所謂「四大探長」都是員佐級人員，俗稱高級警長或「咩喳」），只有極少數來自教會名校、名門望族或與政府有特殊關係的華人，才可直接加入成為警官，但他們還需要兩位太平紳士作擔保。

裝束分辨階級

雖然階級不平等，但憑着華人的拼勁、努力和不屈不撓的精神，很多都能從員佐級晉升為警官，但他們的年紀一般比直接加入成為見習督察的大，因此被戲稱為「老幫」（督察又稱為幫辦[3]）。他們從員佐級晉升，內部亦稱他們為「Cadet（實習生）」，而同事則會說他們是「紮頭紮腳」晉升的。在五十至七十年代，員佐級的警員、警目（Corporal，俗稱「兩劃」）、警長（Sergeant，俗稱「沙展」）和高級警長 I/II（Staff Sergeant I/II）穿制服時，無論穿長褲或短褲

3　十九世紀清朝創建北洋水師時，需向歐洲購買鐵甲艦和武器等現代裝備，便任命那些懂英文或其他歐洲語言的中國人為官幫手辦理洋務，稱為「幫辦」。二十世紀香港警隊任命懂英文的中國人為 Inspector，中文便譯為「幫辦」。

都要穿腳綁（Ankle Webbing，俗稱「腳䖘」）。那是一塊帆布加兩行扣，用來紮着短靴頸。穿長褲時，則跟褲腳紮在一起。而警官級穿短褲時，只穿黃色長襪（俗稱「黃腳鮻」）和深藍色的襪頭，穿長褲時，亦不需要紮着褲腳。而紮頭則源於早年的印度警察，他們都用布包着頭，而他們一般都是員佐級，所以紮頭或紮腳的一定是員佐級警察。

　　早年指同事「紮頭紮腳」出身是一種貶意，但從「紮頭紮腳」出身的管理層人員已越來越多，有些更攀上警隊的最高層和權力核心，今天已變成一種讚美。

警員穿長褲紮腳

紮頭紮腳的印度警察

在六十年代,紮腳的水警出更前在大埔滘火
車站合照。

黃腳𦟌（左三位）和紮腳（最右）

華人晉升甚艱難

今天大部分的警官級都是從紮頭紮腳開始逐步晉升的，但以往，特別是在殖民地時期，紮頭紮腳出身的都會被直接加入警官階級行列的外籍和部分本地同事「歧視」，除了年紀比較大外，他們的英語水平亦受批評，有時甚至有點「雞蛋裏挑骨頭」。殖民地時期，警隊最上層全都是洋人（主要是英國人），華人，特別是紮頭紮腳晉升的，不論能力有多高，都只能望門興嘆，從不敢妄想一朝能攀上權力核心。

回歸後晉升機會平等

但隨着香港回歸祖國，華人的晉升機會便平等得多了，雖然留下來的外籍同事由多數變少數，但他們仍得到「特別好的照顧」，例如不用擔任主要使用廣東話的崗位。很多紮頭紮腳晉升的都有機會攀上高位，以往能晉升至警司級已是鳳毛麟角，不知前世積了多少福呢！

紮頭紮腳出身而曾創造紀錄的有洪克偉，他於 1975
年加入警隊為警員，2013 年退休，職級為警務處高級助理
處長；退休後加入澳門的博彩公司成為高層管理級人員。
破了他記錄的則是警務處前副處長（管理）周國良，他於
1978 年加入成為警員；更上一層樓的則有現任保安局副局

洪克偉（右二）與作者等攝於 1990 年

周國良（左）與作者攝於 2015 年

區志光初出茅廬當警員

1988 年區志光（左）被派駐機動部隊，與同
袍留影。

長區志光，他於 1980 年加入警隊，官拜警務處高級助理
處長。

除了紮頭紮腳晉升外，警隊中亦有一些人比他們更厲
害的，包括一位在警署從事粗活和替警察擦鞋的人（Room

Boy，俗稱「後生」）。他後來加入警隊成為警員，在殖民地時期晉升至總警司才離開警隊，更考獲大律師資格，繼續服務社會。

計劃未來路向

警隊中有很多這類勵志故事，能自學成才。很多人加入警隊時小學都未畢業，後來有些在輪更和惡劣工作環境下仍能苦讀夜校進修，成為擁有數個學位的學人。

所謂英雄莫問出處，成功的鎖匙就是努力加上少許運氣，相信這類故事每天仍在警隊內發生。今天的同事已比我們那一代幸福了，警隊現時已有各種有系統的培訓制度，又提供外訪學習機會，令有志同事眼界大開，能為自己的明天好好計劃，上級亦大力協助及愛惜人才，令同事的目標能更有計劃地達成。

不可不提的是我們的年代，努力和力爭上游都會受到白眼和歧視。仍記得我當警長時，在藍帽子營受訓，很多人（尤其是那裏的教職員）知道我有機會晉升，千方百計戲弄我和「搞破壞」，務求令我出錯受處分，影響升職。我幾經艱苦，咬緊牙關，終於能在藍帽子結業當日晉升為見習督察，慶幸自己當時能沉着氣，笑罵由人，把被戲弄和白眼化為力量。

CID 三寶

偵緝警探（Criminal Investigation Detective, CID），俗稱雜差 [4]，主要負責偵查及防止罪案發生，工作時會穿着便服，方便隱藏身分，執行職務。在每一總區（例如香港島）的偵緝人員職級中，最低級的偵緝警員或稱探員（Detective Police Constable, DPC）相等於軍裝部職級的警員（Police Constable）至最高級的高級警司，所有階級均與軍裝部同事相等。坊間流傳 CID 比軍裝高一級是錯誤的，CID 除了有數百元便服和雜費津貼外，薪酬福利與升職機會基本上跟軍裝相同。當然，CID 以查案為主，所以破大案的機會較大，得到讚賞的機會亦較大，對升級有一定幫助。所有 CID 均由軍裝部「挑選」出來，經過偵緝訓練，考試合格才轉職，無法直接投考 CID。

4　1900 年初官方譯 CID 為「暗差」。「雜差」是古代一種徭役，那時做 CID 很辛苦，長時間工作沒有補償，有一些人包括那時的師爺嘲笑他們做勞役，說他們不是「暗差」是「雜差」，慢慢便習以為常稱為「雜差」，後來官方都不譯 CID 為「暗差」。

貪污的年代

在六、七十年代，很多員佐級人員（由警員至警署警長）都很喜歡做 CID，因為不用穿制服，自由度高，最重要是有「私家槍」可 24 小時攜帶在身，毋須像軍裝人員要在下班時歸還配槍到警署槍房。早年有些 CID 利用其「自由身」及「私家槍」的「好處」賺取外快，很多娛樂場所的主持人及有頭有面的人都很喜歡跟 CID 走在一起，一方面有「被保護」的感覺，另一方面借助警察力量去完成其個人目的，所謂「有皇氣照住」（皇家香港警察之力）。

當時做 CID 沒有太多限制和制度，所謂由上級「挑選」，其實很多是透過關係「幫助」的，貪污年代更可以「畀錢買位」，不同地區有不同價錢，因為「油水」各有不同。

CID 在雜差房工作

1980 年香港島總區 CID 和家人攝於當時的域多利兵房總部（金鐘道）。

警員月薪參考	
1965 年	280 元
1969 年	453 元
1973 年	700 元
1974 年	950 元
1976 年	1,130 元

1976 年我初入職，若警員有中學會考三科合格加 100 元即 1,230 元，五科合格多加 100 元即 1,330 元。

CID 的私家配備

那時上級通令一出便可立刻做 CID，不像現在般有見習期和在職培訓。CID 可即時到槍房領取「私家槍」，立刻「升格」成為有槍之人。當然衣着和裝備要早點安排，以便迎接心理上「升職」的轉變（其實制度上只是平調）。私家槍袋和子彈匣（有扣於腰間和綁於小腿內側的不同款式）、一對派克筆（Parker）（後多改用都彭筆〔Dupont〕），另加打火機和幾套獵裝（那時 CID 最喜歡的服裝），就是 CID 的最基本配備。

取槍後，可到中環砵甸乍街香港槍店，憑警察委任證購買一對「私家」的鋁質手銬（那時稱為「飛機鋁」，比政府提供的較輕），手槍槍柄的木質部分可轉為桃木，主要是比

較美觀和所謂「有手感」（只是心理作用），有些迷信的同事還相信桃木有驅邪驅鬼的作用。一切準備就緒，就可以開工大吉，所謂 CID 三寶就是私家槍、手銬和墨水筆。

隨着警隊編制的進步及現代化，挑選軍裝部同事擔任 CID 一職需要經過嚴謹的考核制度，務求招募到最適合的人選，升職後更需調回軍裝部，直至有空缺時才可申請。同事需要再經考核，過關後才可調回該職位，每次都要獨立處理，沒有承襲。CID 的裝備也必須由內部供應，經安全檢定合乎標準後才可使用，自備裝備已是那些年的事了。

這支就是曾經令一些青年以幹探為終生職業的短桿手槍 —— 馬擔箭，可謂「腰纏四兩鐵」。

一對派克筆

專用電話箱

在無線電仍未普及的時代，有線電話是先進和重要的通訊工具。五、六十年代香港島鋪設大規模的電話線及設置電話箱，方便在外巡邏的警員與所屬的總部聯絡。當時電話會鎖在一個鐵造柱型的電話箱內，巡邏人員都獲發一把鎖匙，可以開啟電話箱的小鐵門，使用內裏的電話。那時通訊不發達，而警員都是單獨巡邏的，所以會在指定範圍（「咇份」，咇是直譯英文字 Beat）內巡邏。他們要在指定時間內用電話箱的電話，打電話回警署報平安，報告位置及已處理的工作。

巡邏亦要定時，例如每小時必須停留在某一點，稱為「行 Point」（定點巡邏），方便上司巡視及簽巡邏人員的記事冊（note book）（每一位警員至高級督察警務人員均獲發官方記事冊一本，記錄當更時發生的重要事情及在需要時作呈法庭用，總督察或以上人員則視乎需要而獲發記事冊）。

很多時候，如沒有特別事情要處理，巡邏人員要不停

在範圍內與時間追逐，簽完指定的簽字簿，便要趕回指定的定點位（在街上的不同地方會安放一些警察簽字簿，巡邏人員需在指定時間簽好。因不同單位的人員都有可能簽那本簿，所以過時便會被別人簽了在前）。

原設置於淺水灣赫蘭道的電話箱，現已移送到警察總部堅偉樓六樓的高級警官餐廳展覽。

1964 年，左邊警員 6498 陸志超在港島半山馬己仙峽道（第 12 咪）打電話回警署報告，右邊是警佐（Corporal，俗稱「兩劃」）470 姓名不詳，正在巡更及簽警員 6498 的記事冊。

在未有通話機（beat radio）之前，每逢舉辦大型集會或發生暴動時，傳令員（Orderly）（右一）必須揹着大型無線電話機，跟隨指揮官，方便指揮官與其他同事通訊。

難敵淘汰的命運

　　街上的每一個電話箱都是鎖上的，因保安理由和那時電話很貴重，電話箱的鎖和夾萬使用的鎖一樣，非常堅固，鎖匙亦不易複製。鎖匙都放於槍房內，出更前領取，亦有些人員因工作需要，會長期獲發一條鎖匙，如有遺失便要詳細調查，小則影響前途，大則革職查辦。

　　2004年警隊配備使用數碼技術的第三代指揮及控制通訊系統，電話箱便被淘汰了，大部分已成為廢鐵，有些被掘走變賣或被風雨侵蝕而消耗拆毀。紀錄中只有三個電話箱能得以保存，成為警隊的珍貴歷史文物。它們分別被放

高級警官餐廳的電話箱現貌

1978年警署發給我的電話箱鎖匙，仍保存至今。配匙已分別送給警隊博物館和高級警官餐廳。

置於山頂甘道警隊博物館和警察總部高級警官餐廳（Senior Officers' Mess，九七回歸前稱為 Gazetted Officers' Mess）。

警署也打鑼

電視熒幕上經常見到一幕在香港交易所的經典場面 —— 一羣西裝筆挺的男士和悉心打扮的女士敲打大型銅鑼，代表當日的交易時段正式開始或終結。

早在港交所成立並使用此代表性的儀式前，香港警隊已經「打鑼」打很久了。在七、八十年代前，每間警署和每艘水警輪都有一個銅鑼，但打鑼一般都不是好事，只有在警署失火或被攻打時才會使用。當警署或警輪被襲擊，會以打鑼作通信方法，即時告知各人員。他們可以在危急時警覺，按日常舉行的演習指示，知道自己的責任和崗位，立即提取適當武器，站在已設定號碼的戰略位置，這些步驟都是很重要的。演習一般是每月一次，在收更後或訓練日舉行，如果是火警演習，當聽到打鑼聲，各人便要分頭協助疏散人羣到指定安全地方及保護重要文件等；如果是攻打警署演習，各人便要按自己的看守位置所需到槍房領槍，互相掩護走到看守的位置防守。

假如警署或警輪不停打鑼，情況就更壞了，那俗稱「打

亂鐘」（水警輪後期棄用銅鑼，改用銅鐘）。當警署大火失控或被很多敵人攻打，安全受嚴重威脅時，便會「打亂鐘」和「落閘」，即鎖上大門鐵閘，以便防守，等待援兵。如警輪不斷敲鐘，便可能正在棄船前那生死攸關的重要決定時刻。

隨着香港電力供應日漸普及，所有銅鑼銅鐘都被電鐘或電鈴取代了，銅鑼銅鐘亦成為收藏品及展覽文物了。

值得一提的是，幫會術語中亦有「打鑼」一詞，一般解作「時有接觸，關係不錯，有自己人的意思」。

在中環大館警察服務中心展出的銅鑼

警署用作防守、瞭望和攻擊的瞭望台。

瞭望台上各有一個號碼作識別,此瞭望台
是四號。

警察藍和警察灰

在戰前，警署外牆的顏色主要分為兩類，用紅磚建的紅磚色，用其他物料和三合土興建的石灰白色。到了六、七十年代，仍然沿用這類顏色，沒有多大改變。警署內部人員沒有特別要求使用甚麼主色，反正每間警署的署長（後稱指揮官）都是「過客」，上任幾年便會調遷。所以外牆顏色的考慮和保養等，一般都由負責該警署維修的那位「吧叻」沙展（Barrack Sergeant，現稱支援警長，Support Sergeant）負責，多數會保持原有的紅磚色或灰白色，一般認為不想作無謂的改變，以不變應萬變。

直至八十年代，有一位由英國借調到香港兩年的警司，出任西區（七號）警署指揮官，他在警署定期裝修期間把該警署的外牆轉為粉紅色，一新耳目。外間有彈有讚，內部亦有不同的聲音。自始，各區警署的外牆顏色比以前多了變化，有些更選用配合附近建築物的顏色。位於九龍灣的輔助警察隊總部在翻新前曾用上特別配搭顏色（泥啡色配米色），有人笑稱感覺很像國內的政府機構大樓。如今翻新後是藍灰色和白色的。

前中區警署以紅磚和三合土興建而成　　　翻新前的輔助警察隊總部

警隊色系

1998 年始，警署外牆顏色起了很大的變化，因香港已經回歸，警隊必須作出各方面的改變，當時警務處處長許淇安先生向香港市民保證：「警隊在回歸祖國後，警務工作唯一改變的是精益求精，力趨完善，為市民提供更可靠及透明度更高的服務。」自始警隊以「服務為本，精益求精」為服務宗旨，不再以保護英女王和她的繼承人財產為最終目標。

當時行政長官在施政報告中批准及撥款，所有警署可進行影響深遠的改善工程。以港島東區北角警署試驗成功的改裝計劃為藍本，改善各區警署環境，以顧客為先、服務為本的精神為市民服務，包括簡化報案程序和加入服務承諾等措施。

其中一項計劃是把北角警署外牆的藍灰色系列顏色

（corporate colour）推廣至所有警署，自此，所有警署包括
警隊博物館都使用以上顏色，及後更擴展到水警船隻，一
看便知道是警察建築物或警輪。

　　其實不單是外牆，藍灰色系現已普遍用於警隊，包括
巡邏車內的間格和警署內的傢具等，有人甚至稱這系列顏
色為警察藍和警察灰。

裝甲車也塗上警察藍

北角警署

往日的巡邏車 Jeep 仔

　　警察巡邏車是一天 24 小時工作，全年無休的，它們會由不同的駕駛員輪更駕駛，一般只能用上 10 年左右。沒有車廠是專門生產警車的，因各地的需要例如乘客人數和放置的槍械和裝備都不同。為求減輕庫房支出，香港政府會定期集合不同部門的購車需要，整批車一起購買，所以大家不難發現警隊和其他部門例如漁農自然護理署，都會使用同款車輛，各部門內部則會因應各自需要改裝。回歸前政府主要使用英國車廠製造的車，絕少使用其他國家生產的車，即使在七、八十年代，市場上有很多性能和價錢都比英國車較佳的車都不會引入。回歸後，便可見不同國家車廠出產的車款，改裝成警車。

具代表性的警車

　　在香港警隊中最有代表性和使用時間最長的警車，要算是一款英國生產的吉普車 Land Rover，自五、六十年代

五十年代的 Jeep 仔巡邏車

1972 年邊境管制使用的 Jeep 仔

1984 年作者（右）站在籃帽子的指揮車前

起直至回歸後多年仍然使用，但因一直沒有中文譯名，大家只稱它為 Jeep 仔（小吉普車）。Land Rover 是英國一間古老車廠，自戰後 1948 年起生產的鋁質車身四驅工作車，因為其耐用和出色的越野性能，而被廣泛應用於軍事、警務和救援等工作上。

香港警隊則經常使用 Jeep 仔於巡邏工作上，在六、七十年代，香港各處都有很多不平坦的道路，Jeep 仔是很合用的，隨着市區發展，交通網絡改善，Jeep 仔的設計及性能已不符合八十年代的需要。它那簡單而狹窄的車廂內籠，又沒有冷氣機，令長期坐在車內的人員苦不堪言；弱避震和不靈活的軚盤，對緊急行動更為不利；過高的車身令身材矮小的人員登車困難，特別是穿制服裙的女同事尤其尷尬。所以在八十年代後期，如果有其他選擇，都不會使用 Jeep 仔，是「好睇而不中用」。不過，Jeep 仔的外型的確威武有型，所以至今仍有很多人喜歡它，用作耍樂代步，香港亦有這類越野四驅車車會。

配合工作需要為上

Land Rover 於 2000 年後登陸中國大陸，譯名為「路虎」或「陸虎」。香港警隊的 Jeep 仔則於 2000 年後慢慢被淘汰，大部分被新款中型車取代，需要在崎嶇山路上行

走時會使用日本三菱 Pajero 四驅車，其車身較低，風油軚，有冷氣和清晰整齊的儀錶板，令頗為複雜的操控變得靈活輕鬆，還配備三公升 V6 引擎和平滑底盤，行駛時較暢順，也能靈活轉彎。自始，Jeep 仔便慢慢退出香港的警務工作，只在香港的舊照片中找到。

新款警察巡邏車

第二章

黃賭毒與黑社會

醫務衛生處勸諭：

切勿吸毒

吸毒 等 於 慢性自殺

吸毒潦倒的一羣

吸毒絕對	吸毒祇有
不能 治療疾病，	體力衰弱，
不能 增進性能，	易招疾病，
不能 補充體力	妻兒受害，
	家散人亡

金蛇郎君

　　金蛇郎君是金庸先生創作的武俠小說《碧血劍》中，一名武功絕頂的隱世高手，原名夏雪宜。而在警隊打擊色情事業（掃黃）行動時，「金蛇郎君」亦是一名非常重要的角色。金蛇郎君是指協助搜集證據而被派往喬裝嫖客，深入色情場所的男性警務人員，行動一般稱為「放蛇」。放蛇出色的警務人員一般被稱為「金蛇郎君」，逢放必中。

　　擔當放蛇的工作亦不容易，一般掃黃工作均是當區的特別職務隊（District Special Duties Squad，DSDS，或俗稱除邪隊，Vice Squad）負責。隊伍成員會在當區軍裝巡邏人員中挑選出來，要對區內各方面都很熟悉，否則情報不足便掌握不到區內實際色情活動的情況。但是壞處是他們經常在該區工作，很容易被認出，所以放蛇前必須要「改裝」，從髮型到裝束等都要大變身，而警員的隨機應變技巧更為重要。

　　放蛇的警員還需要顧慮職安健和法律上的問題，這些事前考慮都非常嚴謹，因警員有機會和妓女有「親密」接

深水埗淫窟的文字廣告

旺角淫窟，標示各類妓女價錢。

時有新聞指警員放蛇時佔便宜

觸，可能會染上不同疾病，包括皮膚病或性病等。但指引一般都希望行動中男女間的接觸能點到即止，以防止疾病傳染和被指佔便宜等等。

跟淫窟經營者鬥智鬥力

雖然在掃黃工作上，放蛇不是唯一方法，但是放蛇始終是一種可靠、直接和有效的搜集證據方法。掃黃工作中最常引用的香港法例是第 200 章刑事罪行條例內的「經營

賣淫場所」，賣淫場所是指由兩人或以上完全或主要用以賣淫的處所、船隻或地方。要能以此條例起訴，最困難的是如何進入有關場所，及證明有兩名人士正在賣淫，放蛇的好處是派兩名或以上警員喬裝成顧客進入，如能獲得賣淫服務，便是最好的證據。當然，在搜集證據方面要多做工夫，以免爭拗，例如交易時的鈔票和賣淫時使用的避孕套等等會作為證物。

其實淫窟經營者亦非沒有提防，他們亦累積很多方法和經驗防止「中伏」，例如只做熟客生意、檢查客人隨身物品等。在我掃黃的年代，很多淫窟經營者會檢查客人的身份證，憑身份證號碼便可知道他們是否警察。當時警察比一般人較早換領新款身份證，讓他們提早熟習，方便執法，卻被聰明的淫窟經營者「利用」了。

道高一尺，魔高一丈，雙方都要不停鬥智鬥力，如案件在法庭敗訴了，有關部門便要立即檢討，看看犯了甚麼錯誤，如何防止日後再犯。當然，如能找到醒目的金蛇郎君，懂得隨機應變，即使被識破警察身分，仍能成功搗破淫窟，便最好不過了。話說回來，警隊的管理人員亦要不時留意放蛇警員的操守，以防萬一。

近來有一位被記者朋友冠以「百變 Madam」的女高級督察，成功放蛇搗破多間鴨店和無牌賣酒場所，成為少有的女金蛇郎君。

女金蛇郎君

女金蛇郎君平日穿上制服（右）

淺談外圍賭博

　　四年一度的世界盃足球賽，球隊都會各出奇謀，為國家爭光和個人榮辱而戰，同時，這也是一眾賭波客膽壯心雄的時候。傳統和新興的外圍波集團活躍於港澳及中國內地，以圖瓜分千億元計的超級注碼，外圍莊家亦千方百計開拓財源及逃避警方的追擊。除使用先進通訊科技，例如Wechat 和 WhatsApp 溝通外，更回歸傳統，有專人接聽電話及以錄音下注，他們還會使用易於在水中溶解的紙來寫「波欖」，本港警察、中國內地公安及澳門司警都只能採取不同策略應對。香港警察由俗稱「O記」的有組織及三合會調查科領軍，採取代號「戈壁（Crowbeak）」、「風盾（Windshield）」、「雷霆 18（Thunderbolt 18）」及「火刺」等行動，與刑事情報科網絡安全小組及科技罪案調查科成立特別小組，在各警區搜集最貼地的情報。又透過網上巡邏，派出臥底，招募線人（很多是賭輸了的賭徒）及與國際刑警和境外執法機構交換情報，待有足夠證據時便採取聯合打擊行動，瓦解非法外圍集團。

賭馬賭狗賭波

曾有讀者問我可否講講香港警察打擊外圍賭博的發展，如果要詳述，一本書都說不完，現在就簡單講一講五、六十年代至今的發展。

早於五、六十年代，香港外圍馬和外圍狗賭博都很興盛，那時流行一句話——「生意淡薄，不如賭博」。賽馬主要是英皇御准香港賽馬會開辦，以慈善為主的香港賽馬，八、九十年代更有澳門及其他地區（例如澳洲）的外圍馬賭博。賽狗則是澳門逸園賽狗公司經營的澳門賽狗。因賽馬發展蓬勃，而賽狗的彩池細、賠率不高，近十多年外圍狗實際上已在香港慢慢褪色，賭客幾乎絕跡。

賭外圍主要分為平民大眾與大客（篇幅有限，本文不着墨於大客和高級豪客），早期因電話未普及，一般要親身去外圍檔口買馬或買狗。外圍檔口分佈於街市、屋邨樓梯角及冰室等地方。五、六十年代貪污盛行，所有非法活動都有人「保護」，包括大廈管理人、商人及各政府人員，當然警察是其中的主

曾經營即場外圍狗馬的冰室。如今內部裝修與售賣飲食仍與當年沒有太大分別。

要角色。在冰室可以買即場外圍，一邊喝咖啡一邊收聽即場賽事，外圍莊家亦即場派彩。那時電視並未普及，收音機掛在冰室的牆上，一眾茶客一起收聽，非常熱鬧。

賭檔經營手法層出不窮

警察對付外圍賭檔的方法不外乎騷擾式，即加派人員在可疑地點巡邏，令賭客卻步，特別在有賽事的日子會加強行動；另一種方法是派人混入其中參與賭博，然後一舉拘捕主持人和參與賭博人士。而最有效方法是從線人收買情報，直搗有關地點。線人費是有定額的，或會根據拘捕人數和檢獲的賭款來釐定。在那普遍行賄及貪污的年代，打擊外圍賭博不受一般市民大眾歡迎，因為他們樂於參與外圍賭博，作為娛樂及生活的一部分，認為既方便又可賒數，有些更有折扣和借貸優惠。另一方面，警隊亦擔心那些有黑社會背景的經營者，如不從事外圍賭博賺錢，便會為非作歹，做一些更損害大眾的勾當。

有線的家居電話於八十年代普及，外圍狗馬的經營方式亦踏入一個新紀元，外圍檔可設在任何地方，只要有一個固網電話便可。所以很多住家及辦公室被「外判」及輪流用作收取外圍欖的地方，那時馬會場外投注站（Off-course betting centres）已開始在各區開設，其中一個主要原因是

為了打擊外圍賭博（這說法直至今天仍有爭議）。為了增加馬會場外投注站的生意及打擊非法賭博，警察打擊非法外圍的力度亦提升了。因外圍賭檔主要靠電話下注，他們會向賭徒提供電話號碼，方便投注。所以只要掌握到那號碼，便可破案。當時香港只有一間電話公司，而申請電話號碼一定要透過嚴格審批，包括確實地址等等，比較容易搜證。

在未有室內無線電話及飛線之前，偵破外圍收欖檔是較容易的。後來他們會用水溶紙，收欖會寫於水溶紙上，同時在電話下放一個水桶，警察破門入屋前，所有波欖都丟入水桶溶掉或掉入馬桶沖走。警察在苦無證據下，只有收隊離場及安排賠償破壞了的門窗，但一般外圍主持人都不會追究警方和索取賠償，一來手續繁複，二來他們不想開罪警察以免自找麻煩。

其實警察與犯罪者互相鬥智鬥力鬥科技是從不間斷的，以往還會把電話飛線到中國內地，甚至外國，增加採證的難度。現在互聯網及智能電話的發展無疆界，執法取證及舉證越來越困難，可幸當初制訂法律時已想到這些可能發生的問題，法律條例訂明只要在香港參與香港以外世界上任何地方的賭博均屬違法。當年制定法律時的遠見和困難度可想而知。

俗語說得好，邪不能勝正，犯罪者始終逃不過執法者之手，要束手就擒，鋃鐺入獄。

街頭宣傳廣告

非法賭博宣傳

警察聯同區議員到酒吧宣傳反非法賭波

盛極一時的賽狗

六、七十年代，在香港賭澳門外圍賽狗是很普遍的，特別是在香港貪污盛行的年代。港府和澳門政府高層關係密切，讓澳門綠邨廣播電台現場實況轉播澳門逸園賽狗會賽事到香港，方便香港人可即場買外圍狗。那時很多冰室（現今茶餐廳的「鼻祖」）都放有收音機，現場轉播澳門跑狗（Greyhound Racing），冰室內有專人（艇仔）收「外圍狗欖」，好像一間私營的外圍投注站。假日亦有很多香港人專程乘數小時水翼船或半天大船來回澳門賭狗。踏入八、九十年代隨着警方大力打擊，加上賭博多元化及英皇御准香港賽馬會場外投注站在各區開設，分站開得比米舖還要多，之後，外圍狗在香港開始式微，狗迷已非常少了。

澳門的賽狗場和上海跑狗場是差不多同時開業的，三十年代，洋人和「大天二」（黑白二道、官商勾結、有勢力和財力人士）已在上海不同租界開設跑狗場，全盛時期有三個跑狗場分別名為明園、申園和逸園。澳門賽狗場則於 1930 年 8 月啟業，後因日本侵略中國和其他因素，於

1938 年停業。直至 1963 年澳門發展旅遊業，逸園賽狗公司僱用一些前上海跑狗場的練狗師和職員重新開業，賽狗場成為到澳門旅遊不可錯過的博彩體驗。

逸園賽狗場出賽的狗種全都是來自澳洲、精瘦結實、動作敏捷的格力獵犬，賽狗場的開賽時間為每周一、二、四及周末的每晚八時開跑。開賽前，賽狗都身穿戰衣，在沙圈漫步，再「上橋」接受檢查，最後入閘準備出賽。每場比賽有六至八隻格力狗出賽，以高達 60 公里時速在賽道上全速飛奔，追逐前方的「電動兔子」。從開賽鳴聲到終點線之間，只有短短幾秒鐘，看場上精練的賽狗拔腿狂奔，不消一瞬間，賽狗就衝過了終點線，勝負立判，非常緊湊，這是最吸引賽狗迷的地方。

遺下的犬隻飼養問題

2016 年，澳門政府因應不同原因指示逸園賽狗公司於 2018 年 7 月或之前，遷離賽狗場澳門白朗古將軍大馬路的現址。如希望續辦，必須改善對格力犬飼養及比賽的安排，並遷往符合城市規劃、不影響居民的地方；如決定停辦，則須妥善處理員工遣散及為狗隻尋找合適的安置地方。基於賽狗行業已由盛轉衰，投注額一年低於一年，最後決定 2018 年 7 月中停辦。但安置那 500 多隻格力狗是一個頭

痛的問題，最終澳門政府被迫介入，那些賽狗最終才能頤養天年，很多更被香港愛狗之人領養，在香港生活。

逸園賽狗場

格力狗

賽狗拔腿狂奔

麻雀學校

　　除了非法賭博，香港亦有很多合法賭博，最普遍的是香港賽馬會的賽馬（1891 年起）和足球博彩（2003 年起），更有稱作「麻雀學校」的麻雀館（俗稱「竹館」，因早年麻雀牌是竹造的，打麻雀亦稱「刮竹」）。麻雀館需要領有合法牌照才可營業，牌照英文名稱為 Mahjong School。1956 年政府首發牌照，根據一副麻雀牌有 144 隻，所以限發 144 個牌照。當時的麻雀商會由退休探長及有頭有面的商人主理，他們和洋人控制的香港政府行政高層有着千絲萬縷的關係，故能獲發牌照，在住宅區內開賭。更將麻雀賭檔美化為教室；賭博美化為「耍樂」。如在今天，過得了立法會都必定會被廉政公署調查！有「麻雀學校」牌照的麻雀館可以打麻雀，有一些亦領有「天九牌」，可以打「天九」。「天九」跟「牌九」（亦稱「煎蘿蔔糕」）不同，賭博形式亦不同，政府一向不發牌供推「牌九」的，因早年玩「牌九」牽涉的注碼很大，吸引了黑社會參與，所以一直不發牌，直至今天。

竹館內耍樂

民政事務總署牌照事務處發出的牌照

麻將館職員定時燃燒冥鏹，祈求客似
雲來。

流動賭檔

正常渠道禁止，但推「牌九」的刺激感令好此道者千方百計要去參與，很多非法賭檔便應運而生。在警方大力打擊下，很多變成流動賭檔，專門「照顧」熟客，他們有固定客源，亦減少被警方追擊。八、九十年代香港更有船上流動賭檔（私人遊艇），他們最初把船駛到公海才開賭，但因成本重，要僱用船員和保鏢等，又擔心被黑吃黑或遇到公海的海盜，所以只在銅鑼灣和香港仔等避風塘內開賭。那時我擔任行動主任，曾多次出動特別職務連（俗稱飛虎隊）的水（鬼）隊和水警，才將那集團瓦解。有一次在水警到達前，各賭客已將賭具拋入海中，裝作在船上慶祝生日，在分開盤問時，各人卻講不出是誰生日，不知道大家的姓名，又沒有生日蛋糕等慶祝食物，結果和盤托出。最後更勞動飛虎隊水鬼隊隊員潛落水底，檢回部分賭具作起訴呈堂之用。

收回麻雀館牌

政府於八十年代中期開始收回部分麻雀館牌，至今餘下約 50 個，那時很多人笑說不想影響英皇御准香港賽馬會的生意。其實主要是政府開展地區政治，區內市民的反對

聲音被重視，而那時到麻雀學校「刮竹」的人越來越少，加上一些電影電視劇大多形容麻雀館為「藏污納垢」的地方，正當人家不應光顧。我擔任警區分區副指揮官時，亦處理過麻雀館持牌人因生意不景而交回牌照。

今天的麻雀館隨着時代和客人的需要而改變，很多都改為針對來自中國內地的客人打「祖國全沖／槓槓牌」，有部分更歡迎遊客參與，相信不久的將來香港麻雀學校會變成香港的另一種文化遺產，人們不再單純為賭博而進入麻雀館了。

祖國槓槓牌

街邊賭錢

以往，在街邊、街市等地方常見有人聚賭，在街頭賭博是犯法的，常見的會用中式或西式紙牌作為賭具。在市民熱心舉報，警方大力掃蕩後，現已不常見有人在街上「賭啤牌」了。香港法例針對「街邊賭錢」的罪行，一般會被控告「在賭場以外任何場所或在街道上進行的賭　博　」（Gambling in any place not being a gambling establishment or in a street），這屬刑事罪行，會留有案底。首次定罪，可處罰款一萬元及監禁三個月；第二次定罪，可處罰款二萬元及監禁六個月；第三次或其後再定罪，可處罰款三萬圓及監禁九個月。但實際上通常只是罰款數百元，視乎被捕人士有沒有前科，但很多年紀較長、上了賭癮的（有男有女，女的俗稱為「爛賭釵裙」）都是案底纍纍，但判坐監的則很少。

八、九十年代銅鑼灣裁判署有一位外籍裁判司批評警方，在灣仔軒尼詩道消防局東邊的橫巷打擊長者街邊賭博，說他們缺乏娛樂，賭博是一種消遣方法，不應打擊。

在不得要領下警方只好停了拘捕行動一段時間，直至那裁判司調走為止。

有人說中國人特別喜歡賭錢，我不同意，有很多外國人都很喜歡賭錢，但中國人腦筋靈活，懂得就地取材，賭博方法真是五花八門。由揭書將頁碼加起來鬥大，到在天橋下賭過路女士的內褲顏色都有，注碼可大可小。但不得不承認，小賭都有其好的一面，特別是對一些有太多空閒時間而沒有嗜好的人，能讓他們消磨餘暇和認識新朋友，從賭博中增加腦部運動及加強人與人的溝通。例如以往很多香港人（尤其是不懂英文的）都不認識外國球隊，但自有賭波後，很多人都非常熟悉車路士、阿仙奴和羅馬等球隊，亦加深他們對這些國家的了解。

非重點打擊的罪行

雖然香港有各類形式的賭博，但在公園內玩紙牌和象棋的博弈賭博仍是最普遍及最受歡迎的，公園管理人員只會在收到投訴時才干預，如果懷疑有人「放貴利」（高利貸）或黑社會滲入時才會驚動警方。為逃避拘控和不讓途人察覺，賭客一般都不用現金，而以口數或小石頭記數形式進行，增加警方執法的難度。而這類活動也不是警方的首要或重點打擊的目標罪行，所以今天仍普遍活躍於各屋邨和

公園內。賭客多數是上年紀的無業或退休人士，間中會有新聞指他們因欠債拗數和出老千而發生爭執，亦曾因此搞出人命。

紙牌賭博方法 —— 十五湖

公園是常見的聚賭地方

在公園當眼處擺出嚴禁賭博的警告牌

鴉片與毒品調查科

　　罌粟早在唐朝已傳入中國，清朝時期更在全國種植罌粟製成鴉片。十九世紀，英國工業革命後，跟中國貿易日多，更出現貿易逆差，英國見中國對鴉片需求大，在清朝禁煙令下走私偷運鴉片到中國。道光帝眼見英國人用鴉片荼毒國人，派欽差大臣林則徐南下廣東禁鴉片，引發 1840 年的第一次鴉片戰爭，結果中國被迫割讓香港島給英國。

鴉片在香港

　　其後，英國繼續在其殖民地印度大量種植鴉片，經香港輸入中國。香港在英國人管治下，鴉片煙館林立，人們可隨意和合法地吸食鴉片，成為當時風尚。隨後的歲月殖民地政府壟斷鴉片貿易，鴉片不斷輸入香港，成為政府的主要收入來源。二十世紀初期，鴉片收入幾乎佔政府總收入的一半。在二次世界大戰前，香港人口不足 100 萬，每年鴉片吸食量卻達 50 噸，可謂相當驚人，而香港政府發牌

的煙格毒窟就有 300 間，經殖民政府鼓吹和荼毒，香港不少人包括公務員都有鴉片煙毒癮。

在日本人佔領香港期間，為了荼毒華人，亦仿照英國人四處設立「合法」鴉片煙吸食場所，以低於成本價供應毒品給一般市民，那時香港人口不斷下降，但毒窟的數目不跌反升。1943 年因應美國宣佈要取締一切鴉片壟斷活動，英國被迫同意在遠東領土禁絕鴉片。1945 年 8 月第二次

售賣鴉片牌

吸食鴉片煙全套工具

世界大戰結束，鴉片被列為「危險藥物」，受香港的「危險藥物條例」規管。

五十年代，因受中國內戰影響，香港人口暴增至超過三百萬，吸毒人數也倍增，九成被拘禁人士都有吸毒習慣。

成立毒品調查科

在五十年代，香港警務處有一個中央部門名為「反貪污部」（Anti-Corruption Branch），負責防止及偵查香港的貪污活動。由於毒品問題非常嚴重，一定程度上與貪污有關。政府明白必須成立一個專責組織，作執法及協調工作，應付嚴峻形勢。1954 年，毒品調查科（Narcotic Bureau）成為反貪污部屬下一個小組，成立初期只有一位助理警司和兩名警員。那時的毒品問題不再是鴉片，卻是各種類型的毒品。由於反貪污部的首個英文字母為 A 字，因其字形，毒品調查科人員最初被稱為「尖頂」。

1961 年，毒品調查科遷往德輔道中李寶椿大廈「14/F」，因中國人稱地下為一樓，所以毒品調查科被稱為「十五樓」。當時有些毒販會監視毒品調查科人員的行蹤，由於弄不清十五樓和 14/F，時常觀察錯誤。後因毒品調查科工作量增多，加上保安和避免販賣集團監視警方行蹤，於 1973 年搬回警察總部。

毒品調查科早期辦公室，俗稱「十五樓」。

早年反吸毒宣傳海報

吸食海洛英，俗稱「追龍」。

捉放曹與大龍鳳

在六、七十年代，香港社會各種制度仍然很落後，毒窟與賭檔隨處可見，以當時的警力及資源根本無法應付，更遑論杜絕那些非法活動，前線警察只能「做得幾多得幾多」，有些同事更「隻眼開隻眼閉」，做點表面工夫交差了事。

那時候的警區掃黃賭毒隊，一般統稱為除邪隊（Anti-Vice Squad，俗稱「歪士」，跟 Vice 讀音相近）；而總區的則稱為「出國際」（總區特別職務隊，Regional Special Duties Squad）。他們每天都和最險惡的「陀地」和犯罪分子周旋，一不小心輕則影響仕途，重則身陷囹圄。其中最為人垢病的兩種拘捕手法分別為「捉放曹」和「大龍鳳」。

掃毒隊的「捉放曹」手法是發現一個癮君子藏有少量毒品時（俗稱「唧魚蛋」），一種方法是不追究，然後跟蹤他，直至發現藏有較大量毒品時才將他拘捕，但此方法不一定成功。另一種方法的成功率則較高，是「誘使」那癮君子提供一個藏有較多毒品的人來頂替他。

「捉放曹」，沿於歷史小說《三國演義》中的一個故事情節，指捉了曹操後卻將其釋放。曹操刺殺董卓失敗後逃走至中牟，被縣令陳宮擒獲，但曹操用說話打動陳宮和他一起打天下，他們逃走時經過成皋，遇到曹操父親的知己呂伯奢。呂邀請他們到家中晚宴，呂準備劏雞殺豬時，曹操聽到磨刀聲，誤以為呂想殺他們，便殺死呂氏全家後逃走。陳宮見曹操如此心毒手狠，枉殺無辜，便趁曹操熟睡時離開。

安排被捕

掃賭隊方面，經常會涉及行賄、貪污或交數等狀況，因經營非法賭檔利潤很高，除賭博外亦牽涉放高利貸等勾當，所以長做長有，很多爛賭仔及釵裙（女賭徒）長期過着「跑山」（千方百計去借錢再賭）的生活。一般檔主會賄賂警察內部的一些壞分子，讓他們「合法」地開檔，但不定期會安排賭檔被搗破或安排賭仔被捕，之後被控告及上法庭罰款等事。這些手法一般稱為「做場大龍鳳」，有時候那些懶惰或經驗淺的上級懵然不知，並大加讚賞那些「行動」頂呱呱！

「大龍鳳」本來是香港六十年代初一個大戲班「大龍鳳戲團」，由何少保做班主，紅伶包括麥炳榮、鳳凰女和譚蘭

卿等，意思真的是做場好戲。

　　無論是「捉放曹」和「大龍鳳」都是不正當的拘捕方法，牽涉的人干犯了「妨礙司法公正」等罪，刑罰是非常重的。如今在警隊完善的監察及管理下，這兩種手法已不復見了。今天立法會的混亂情況，很多人形容一些議員在做「大龍鳳」，那就是最新的演繹版本。

二十世紀初的明信片介紹香港賭檔

在公園內聚賭，附近有人「睇水」（把風）。

十九世紀的香港非法組織

　　三合會在香港的活動，最早可追溯至 1845 年前，當時屬香港開埠初期，他們多招攬低下階層的華人入會，例如咕哩。黑社會或三合會的會員大多是本地人，通常是最無法無天的一羣。他們聯合起來為非作歹，包庇其他作惡的兄弟，甚至保護他們離開香港。會員中，有的經常帶備武器，襲擊廣州河畔及河灣上毫無反抗能力的村莊，大肆搶掠；又以放火襲擊為威脅，勒索村民，村民只得照辦，不敢吭聲。

　　其中萬安和福義興會員都是鶴佬人，他們就像福建人和其他操類似方言的人一樣，彼此聯合起來，在貧病時互相接濟，在同鄉與他人發生爭執時從旁協助。有些客家人聯手從事海上搶掠、持械搶劫、勒索等非法行為，但大部分會員似乎都遵守傳統會訓，謹記黑社會或三合會成立的目標。

法例難阻勢力滋長

1887 年，香港通過法例《三合會及非法會社條例》（The Triad and Unlawful Societies Ordinance, 1887），同時訂立《軍械條例》和《防止犯罪條例》，對付這類非法組織。法律規定，身為黑社會或三合會組織管理人，可被判坐牢不超過 12 個月，或坐牢加苦工不超過 12 個月或 / 及罰款不超過 1,000 元；會員則可被判坐牢不超過 6 個月，或坐牢加苦工不超過 6 個月或 / 及罰款不超過 500 元。法例還禁止黑社會或三合會集會。當時警方已相信香港有二、三十所房子是黑社會或三合會聚會的地點，只是無從證實。這些處所的外貌及內部擺設，通常與一般工會開會的地點無異，牆上掛上華麗的卷軸與旗幟，以及就該會用作慈善事業捐獻的會員名單。各款旗幟除用作日常裝飾及展示會務和公職外，還在會景巡遊及神誕時使用。

所有會堂都設有關聖帝君的神位，會員奉關帝為守護神，在 5 月 13 日紀念關平的誕生，並在 6 月 24 日紀念關帝升天，設宴慶祝。在這兩天，到香港各酒樓聚集慶祝的黑社會或三合會會員數以百計，關平誕尤其熱鬧。不過，關帝神位並非三合會獨有，因此平時黑社會或三合會不易露出其真面目，即使舉行入會儀式，他們也很少公開進行。

守望相助還是朋比為奸

毫無疑問，不少人加入那些組織都是為了在貧病時得到接濟，在平時則守望相助；有些是為了免麻煩，他們認為若不入會就難免受到黑社會或三合會的迫害，有些則完全出於好奇；當然也有些是受了愛國情操驅使，希望終有一天國家再由漢人統治。但整體來說，自私自利和為了個人利益是主要的入會目的，愛國和反清復明等只是幌子而已。

估計當時香港約有三分之一的男性居民是黑社會或三合會活躍會員，女性會員也不少。由此可見要壓制這些組織是十分困難的，而黑社會或三合會要協助罪犯逃離法網就十分容易。

五十至七十年代
香港黑社會狀況

　　香港的黑社會發展初期，打着「洪門」的幌子，與明末清初的洪門組織，有宗旨、有制度、崇尚義氣和兄弟姊妹之情等不可同日而語。隨着西方列強入侵中國，日本人展開對中國的焦土及掠奪政策，加上軍閥割據，後來的國民黨與共產黨內戰，人民流離失所，社會傳統規範被打破，民不聊生。個人主義和資本主義抬頭，很多人為求一己的生存而不顧任何傳統和倫理觀念。而黑社會組織，隨着社會的劇變，逐漸改變成以利益為本，不講忠義，亦不受組織內部任何約束。

　　本來三合會之最高統領為「489」（龍頭），但到了六、七十年代，香港已無「489」擔任頭號一哥，僅有掌第二位置之「438」（坐館），之下為「426」（雙花紅棍 —— 打手），「415」（即白紙扇 —— 師爺）及「432」（草鞋）。所以黑社

會的「坐館」已成為領導人物，「坐館」之下，設有分支「主任」，掌理所屬區域內之非法活動。以前支部的「坐館」，要聽總部「山主」的命令，現在的支部各人自立門戶，居領導

先鋒帶領新入會兄弟通過黃紗布

拜「斗」

拜祭殉難兄弟

新入會者需在雙刀下過，稱為「過刀山」。

開會儀式，山主（左）手執令旗。

地位，不講忠義，更不受約束。

以利為先

　　黑社會的派系亦非常混雜，只要有辦法糾黨成羣，維持一班弟兄，便是「頭領」。後期已發展到只講利益，若無經濟能力照顧弟兄，只會當你「羊牯而非叔父」，懶得理你甚麼「山主」不「山主」！黑社會的最初和根本宗旨沒有了，潛規則被徹底破壞了，「盜已無道」，更無法無天，可為所欲為。香港警隊三合會（時稱三點會或黑社會）調查組主管譚保禮警司曾說：「今日的黑社會組織，遠較十多年前的黑社會殘暴無良，他們為達非法的目的，不惜傷害殘殺無辜。」這些黑社會組織如一堆堆野火，名目繁多，不講「派系」，只講「霸道」，甚麼「廣東幫」、「本地幫」、「潮州幫」等等，形形色色。香港黑社會的猖獗，已到非大力打擊不可的地步，奈何其時警力不足，又缺乏資源，成效不彰。

　　五十至七十年代的香港，黑社會分佈於各區和各機構，包括政府部門內，就我於七、八十年代搜集所得和警方內部資料組合，以下臚列了當時的黑社會組織名稱、參加人數、活動形態及活動地區。

組織名稱	簡介
和安樂（又名水房，汽水堂，阿飛黨）	有會員二萬人，專門收規，經營娼寨、販毒、賭檔、高利貸；勢力最廣，延至香港仔、元朗、青山、新界各外圍地區。
和勝和	有會員近萬人，活躍於油麻地（包括生果批發市場，俗稱果欄）、九龍城、新界，常與和安樂爭地盤和利益。
和義堂	活躍範圍在西區。
和勝義	有會員近萬人，活躍範圍在油麻地、旺角、九龍倉（尖沙咀大包米），與一些鄉里聯誼會聯繫，曾與全群樂爭油麻地利益，發生打鬥及命案。
和勇義	有會員約三千人，活動範圍在中區、西區、香港仔、筲箕灣，尤以中區及西區三角碼頭最活躍。
和合桃	有會員三千人，活動範圍在西區，是最好搞事的一幫。
和利和	有會員五千人，活動範圍在中區及西區。
和利群	活動範圍在中區。
和利盧	活動範圍在中區及西區。
和群英	有會員五百人，活動範圍在西區。
和群樂	有會員近千人，活動範圍在中區，有婦女部，稱為三十六姊妹。
和友和	以友和國術會名義為掩護，在深水埗活動。
和強樂	活動範圍在旺角和深水埗。

組織名稱	簡介
和一平	活動範圍在新界元朗。
和二平	活動範圍在新界元朗及上水，由和一平分拆出來。
據說「和記」計有三十六瓣，在我所搜集的記錄資料中，僅有一半而已。	
同樂堂	活動範圍在東區，是當時政府醫院工人組織的，以後發展為以下各分支：
同樂（或義樂）	活動範圍在東區及筲箕灣，為同樂堂之打手。
同新和	活動範圍在西區及薄扶林區。
同福堂	活動範圍在東區灣景（現時電氣道）一帶，會員多為青年及學生。
同學堂	同上。
同順堂	同上。
聯公樂	活動範圍在東區。
聯樂堂	同上。
中央堂	有會員千餘人，活動範圍在筲箕灣一帶。
東英社	活動範圍在西區。
東聯社	活動範圍在東區及灣景（現時電氣道）一帶。
東安和	活動範圍在油麻地。
東英義	活動範圍在旺角及油麻地。

組織名稱	簡介
全敍英	活動範圍在九龍城區。
全一志	活動範圍在油麻地及深水埗。
全群樂	有會員近千人，是「全」字集團最活躍的一支系，遍佈油麻地、旺角、深水埗；主要分子包括苦力、水上士多小販、油漆工人、店員、麻雀館伙計。其特殊活動是在油麻地避風塘，專做水上娼妓勾當，控制白牌車，與和勝義及和勝和敵對。
全群英	活動範圍在油麻地。
全友聯	旺角黑社會中的「打荷包」集團。
聯英社	有會員千餘人，在紅磡、旺角、油麻地一帶活動，以「集英苦力工會」的苦力職業介紹所，及洪平國術會為掩護，每年聚眾慶祝紅磡觀音誕，是油麻地區最強的黑幫。
聯興益	活動範圍在香港島及新界。
聯飛英	活動範圍在筲箕灣。
聯鴻平	活動範圍在油麻地及旺角。
聯桃英	活動範圍在筲箕灣及東區，會員大半是太古船塢工人。
聯群英	活動範圍在石硤尾及何文田；最好搞事的是其中的三十六友，多是潮州人。
廣聯盛	活動範圍在旺角。
粵　東	活動範圍包括油麻地、旺角、深水埗及東區，勢力甚強。

組織名稱	簡介
以下是「14K」系：	
洪發山忠義堂	有會員八萬人，其中多是大陸難民，是香港第二有勢力的黑幫，活躍於深水埗、荃灣及新界，擁有許多支部，及獨立團部。
義勝堂	亦屬洪發山忠義堂，會員多是大排檔伙計。
西慶堂	由義勝堂分支。
西勝堂	由義勝堂分支。
青 幫	北方佬黑社會，以上海人居多，在銅鑼灣、東區、尖沙咀頗有勢力；會員發誓效忠「老師」，不在「五祖」壇前宣誓，亦不似其他黑幫歃血為盟；六、七十年代隸屬 14K。
紅 幫	即洪幫，入會要在「五祖」（五祖為蔡德忠、方大洪、馬超興、胡德帝和李式開）壇前宣誓，並歃血為盟，勢力不及青幫，六、七十年代亦隸屬 14K。
以下是潮州幫：	
福義興	有會員一萬餘人，是海陸豐縣（俗稱鶴佬）工商界人士所組織，甚活躍，在東區稱為「新義興」。
新義安	有會員近萬人，支部遍佈新界及離島，活躍於九龍市區及九龍城。據云領袖是紅幫人馬；化整為零，分為「僑港」、「忠義」、「十七兄弟」、「十九兄弟」等的組織單位。
義 群	乃九龍城潮州居民之獨立組織，包庇娼妓、販毒，與福義興有關聯。

組織名稱	簡介
敬　義	在深水埗、九龍城，從事非法業務，如賭檔、妓寨等。
潮光社	是新義安主要支社，控制九龍城區內潮州居民，甚為活躍。
潮聯社	活動範圍在深水埗。
中秋月	是潮光社小支系，在九龍城及老虎岩（現稱樂富）活動。
萬勝堂	是中區有力的黑幫，是個販賣幫。

　　此外有三聖社、忠義社、忠信堂（忠義社支系）、大好彩、正龍團、萬安等，均在五、六十年代成立。上述黑社會組織，未列明參加人數，因找不到正確記錄，姑且從略。估計香港當時黑社會會員約有十餘萬人之多，活動頻繁，經常欺壓市民。若以人口統計比率來說明，50 個市民當中，就有一個黑社會人物。

黑社會會壇

黑社會香主服飾，左旁桌上放
有手令及鞋。

黑社會紅棍，約長一米多，寫
有「秉正鋤奸」。

黑社會刀和堂口旗幟

第三章

前線執勤生涯

警察談判組仁者不憂

2015 年 12 月香港警察談判組（Police Negotiation Cadre, PNC）在員警總部高級警官餐廳慶祝成立 40 周年（1975 至 2015 年）。各年代憑「三寸不爛之舌」救人無數的談判組組員聚首一堂，暢談當年如何用說話和身體語言勸降，大家還笑言各種「甩轆」事件。已退休十多年並移居海外的第二任談判組主管 Mr Bill McIntyre（1991 至 1995 年）更從美國回港參加，在演說時他仍不失當年堅定和心絲細密的本色。PNC 在不同年代因應世界形勢發展和本地情況改變肩負起不同工作，以化解危機為使命，凡事都「有得傾」。九十年代起，PNC 的座右銘是「仁者不憂」（Who Cares Wins）。

成立緣起

七十年代國際恐怖活動組織改變了以往的襲擊策略，因電視廣播普及，可以直接快速廣泛地把事情在電視熒幕

上展現到大家面前。恐怖分子加以美化他們想爭取的,以電視廣播方式公諸於世,或做一些恐怖活動以作威懾和引人注目。1972 年發生名為「黑色九月」(Black September Organization)的慘案,巴勒斯坦恐怖組織闖入西德(那時德國分為極權東德和民主西德)慕尼黑奧運會場地,脅持以色列奧運代表團,最終流血收場,11 名以色列人和一名西德警員死亡。電視播放有關畫面,震驚全球,西德軍警處理脅持人質事件的做法亦備受爭議。

因應發展,香港警方隨即成立「神槍手小隊」,應付突發事件和劫持飛機等保安工作,但當時缺乏有系統和策略的訓練,而警隊亦忙於內部改革和打擊貪污等問題,隊伍尚未成熟。

1974 年 5 月,中環寶生銀行被一持槍男子闖入企圖行劫,這是本港史上有記錄以來首宗室內持槍挾持人質案件。當時劫匪被巡邏警員察覺,他被困銀行內,「神槍手小隊」奉命到場,但因隊員事前沒有接受突擊和進攻等訓練,當時的應對策略只是希望在匪徒衝出時將之制服或射殺。雙方對峙 20 小時後,匪徒被人質制服,人質衝出,警員立即衝入銀行內拘捕劫匪,沒有人受傷,戲劇性收場。事後檢討,促使特別任務連(Special Duties Unit,俗稱飛虎隊)和機場特警組(Airport Security Unit)相繼成立,以應付突發危機。

神槍手小隊

同時，亦考慮美國開始發展的「危機談判學」，如何應用在香港，以談判解決危機。談判組就在這情況下由一班志願的外籍督察級人員組成，最初主要以英文溝通，因那時假定劫機者一定是説英語的！

處理挾持人質案件

警察談判組成立初期，警隊正被貪污問題困擾，警隊政治部人員大量調往剛成立的廉政專員公署，人人自危，大量警務人員（包括外籍和華籍）被調查或拘捕，警察總部根本無暇兼顧談判組。所以 PNC 始創時只是一班外籍同事的小型俱樂部，而同事都是被「指派」參與舉辦的訓練班，除幾名有心和有興趣的骨幹成員，包括當時以兼職形式的山頂明德醫院精神病學醫生格蘭（Dr. Gream），其他人都興趣不大。那時談判組只負責與劫持飛機有關的工作，「紙上談兵」多於實際行動，但演習後舉行的不同部門聯誼活動，多是外籍人士參加，卻發揮很好的聯繫功能，在後來

的實際工作上起了關鍵作用。

1979 年 7 月，中環發生持槍劫持人質事件，一名中國男子闖入一間辦公室脅持在內的多名職員。那次是談判組第一次處理真的挾持人質事件。出動的包括主管鄧博志（Tom Delbridge）等 PNC 成員，格蘭醫生亦到場協助，由一姓徐的同事以中文面對面勸喻持槍男子投降，幾小時後，終於成功令該男子棄械投降，事件在沒有流血的情況下解決。

談判組救人無數

鄧博志因此被任命為第一位談判組主管，他當時駐守政治部，更能掌握國際形勢和第一手資料，而且他和駐港英軍部隊等稔熟，在他任內至 1991 年間談判組有迅速發展。除處理劫機事件外，亦於 1985 年起擴展至企圖自殺及牽涉人質的各類案件（domestic incidents）。因談判時有機會使用廣東話，便開始招募年青華籍督察加入，打破以外籍高級人員為主的架構。我亦於八十年代在機動步隊（藍帽子）訓練時加入，服務了 20 年才退下，讓位給當時的副手，傳承經驗。接替我位置的劉姓同事後來亦成為一位出色及受同事尊敬的談判組小組主管，現已退休。

PNC 的工作隨社會需要而改變，除主要任務外，還會

協助前線同事協調公眾活動。談判組組員亦會在不同的訓練活動中，向最前線的同事教授基本談判知識，幫助他們應用在實際行動上。他們拯救的人命多不勝數，比以救援為主的部門有過之而無不及。

世界恐怖活動日漸增多，相信談判組已作好準備，繼續以「仁者不憂」的精神面對挑戰！

第一任談判組主管鄧博志（前排右三）

作者（右一）正跟企圖自殺者在談判溝通

作者於 1992 年獲頒「高級談判技考」證書
（由美國聯邦調查局與皇家香港警察合辦）

特首副官

　　在行政長官（特首）或回歸前的港督出席公眾場合活動時，他身邊除了有多名保鏢（由警務督察（幫辦）擔任），亦有一位私人助理。該助理多數會穿着便服，但亦會在一些場合穿上制服。他其實是一位警司，出任特首的私人助理，稱為副官（Aide-de-camp，ADC，有些國家或地區稱為侍衞官／侍從官等）。此職位主要負責特首的安全，他要事先了解特首每日行程上需要到不同公眾場合上的保安、場地、儀式、路線等安排，其他微細事項包括特首的喜好，例如飲食和如廁習慣等，都要考慮和安排周全。他亦負責禮節性工作，代特首接待客人或出席一些特別儀式，有「見他如見特首」的意思。

　　特首有很多禮節性工作需副官代勞，例如去機場接機，接待一些不需要特首親自迎送的外國元首或皇室成員等。所以除了一個正式副官，亦有一些名譽副官，他們來自不同紀律部隊和輔助部隊（例如輔助警察），以兼職形式擔任，主要負責在機場接送外國貴賓和出席一些紀念或頒

獎等典禮。

　　香港開埠初期，殖民地首長全是由軍人擔任，他們都有副官隨遠征軍到中國，所以，副官這職銜在香港開埠初期已有，第二次世界大戰前由軍人擔任，戰後才由警察接替。助理警司寶信（Assistant Superintendent R. Dawson）

回歸前的女名譽副官林曼茜女警司（左一）

70年代已故前港督麥理浩勳爵（中）在政府官員陪同下，前往秀茂坪邨山泥傾瀉現場視察，右旁為他的洋人副官。

前港督彭定康和他的副官

港督副官帽充滿殖民地色彩

是第一位出任港督副官的警察。在殖民地年代，副官一職一直由外籍人員擔任，回歸後就理所當然由華人擔任，第一位華人 ADC 是杜漢基警司，但由於他擔任特首董建華的副官時間比較短，被戲稱為「快閃副官」。另一方面，香港從未有女性港督，所以副官此職位一直是男性的天下，未出現過正式和全職的女副官，名譽副官則曾有女性擔任。

首位女副官

2017 年 3 月 26 日香港舉行行政長官選舉，由 1,194 人組成的選舉委員會中，林鄭月娥女士獲得 777 票，成功當選第五屆香港行政長官。同年 7 月 1 日就任後，她成為歷史上首位香港女性行政長官，以及香港開埠以來首位最高級的女性行政官員。第一位正式和全職的女性副官亦因此誕生，她是陳嘉怡女警司。

副官不是一件容易的工作，尤其擔任此職位的早已是警司級，在警區是分區指揮官，一呼百應，大量資源和人力可運用，副官的工作卻要非常貼身和繁瑣。但如向前看，副官確是一份好工，是升級的跳板。自回歸以來，很多位曾當副官的已官拜處長級了。話說回來，除個人性格外，當副官還要配合天時、地利、人和，體形和面相亦要配合特首。

曾貼身保護四任行政長官的副官劉志堂警司（左）

2018 年 11 月 11 日和平紀念日及第一次世界大戰結束 100 周年紀念，女副官代表特首在中環皇后像廣場和平紀念碑獻花圈。

警犬隊的成立

　　2018 年是狗年，香港特首在農曆新年賀詞短片中讓警隊的警犬大出風頭。或許大家會問狗和犬有甚麼分別？兩者其實互通，「狗」為俗稱，貶義較多，「犬」貶義較少。古時「犬」則比「狗」成熟。

　　在很多公眾活動，尤其是嘉年華會，我們很多時候都會見到警犬，無論是表演或合照時間，警犬都很受大人和小朋友歡迎。在很多警察的舊相片中亦時有狗隻，但其中有些可能只是寵物犬。因為警犬隊是在二次大戰後的 1949 年才成立，初期只購入四頭用作巡邏的德國狼犬，以試驗性質在邊界輔助巡邏，同時聘請一位文職人員擔任訓練員（相等於當時高級警長（咩喳）職級），訓練兩位警員成為領犬員，他們就是警隊最早期的領犬員。最初警犬只在新界地區巡邏，警犬總部亦設於粉嶺芬園（現址為警察駕駛及交通訓練中心）。

別稱「穿山甲」的村巡警員和警犬

水警身後的為寵物犬而非警犬

警犬的工作

　　警犬巡邏非常成功亦很受歡迎，警隊後來決定擴充警犬隊的規模，於 1956 年在元朗八鄉警署設置總部，很快因地方不敷應用而於 1964 年遷往屏山警署（現已改為屏山鄧族文物館），設備亦得到進一步提升。1995 年遷往前駐港英軍的粉嶺皇后山軍營，2001 年再遷往九龍灣祥業街的臨時總部，直至 2003 年遷入新界北區沙嶺警犬總部運作至今。沙嶺總部佔地二萬多平方米，有專為警犬而設的醫療手術室及模擬訓練場地，在充足的空間下提供全面及先進的訓練。還有警犬起居倉 112 個，平均面積有 12 平方

米，讓每頭警犬都有充足的休息和活動空間。

　　警犬接受的訓練分為三大方面 —— 日常巡邏、人羣管理和截停及搜查可疑人物。在搜索工作上可以發揮狗隻的天賦，運用牠們異常靈敏的嗅覺，例如搜查危險爆炸品及毒品、搜尋失蹤人士和應付武力反抗的可疑人物。完成訓練的警犬會派往警區執行巡邏工作，在人羣管理工作上警犬可作出戒備，在暴亂上，牠們亦發揮很大作用，特別在搜尋攻擊性武器、危險物品和爆炸品時。

　　人有退休的年期，警犬也不例外，除了少數例外或健康欠佳情況下需提早退休，一般警犬會在 8 歲左右退役，而十多年前開始引入的瑪蓮萊犬由於體質較強，退休的年限可延遲至 10 歲。

飛虎隊警犬協助警員制服恐怖分子的模擬示範

警犬跳高跨過領犬員

御犬師

　　現在稱帶領警犬工作的警察為「領犬員」，一般是警長或警員階級。在六、七十年代領犬員的正式官方職銜則是「御犬師」。新加入警犬隊的成員會以師徒制形式，緊隨資深導師學習指令犬隻的技巧，每位領犬員會被分配一隻小狗，待領犬員和小狗建立良好關係後，才開始正式訓練。小狗在九個月至一歲之間開始受訓，以一對一形式由領犬員負責訓練。

　　六、七十年代的警犬，除了從外國直接購買外，會接收市民未能飼養的小狗。另外當時推行「警察幼犬寄養計劃」，市民可暫時領養狗房的初生小狗，好讓牠們習慣與人相處，待狗隻長大到指定年歲後，警犬隊會從領養者處接回狗隻，正式訓練成警犬。

　　領犬員的更份是由各警區自行編排的，工作時間和一般軍裝警員相同，但領犬員除了每天有一小時用膳外，會有另外一小時為警犬準備糧水、餵食和為犬隻及的警犬屋（狗房）清潔等工作。如犬隻病了，還要帶牠們看獸醫和負責餵藥。

飛奔的警犬

警犬是警區的一分子

警犬退休時

　　退休後的警犬有歸宿嗎？在一般情況下，原來負責的領犬員都會申請把自己的拍檔領回家中飼養，始終與警犬多年「出雙入對」，一起打擊罪行，會建立深厚感情。但現實並非每位領犬員都能夠把退役的警犬領回家，警犬隊總部便會通過領犬員的建議，替快將退役的警犬物色適合的主人。不少市民有興趣領養退役的警犬而向警隊申請，警犬隊十分關注申請者的家庭狀況，包括居住環境及面積。警犬始終是大型工作犬，需要較大的活動空間，警犬隊當然希望警犬經過多年辛勞工作後，能夠在舒適的環境頤養天年。除了注重申請者的居住環境外，他們的養狗經驗是審批的關鍵，因為警犬隊不能隨便把一頭退役的警犬交給全無養狗經驗的家庭照顧，大家都希望能交給一些有愛

心、有養狗經驗的家庭，以報答牠們多年來為社會作出的貢獻。

　　警犬雖然不會好像一般警務人員有不同的職級和編號，但也和一般寵物犬無異，都有自己的名字。警犬的取名主要有兩個途徑，如果警犬是市民捐贈的，而其原有的名字沒有不妥當（例如與其他警犬的名字重複或過於俚俗，或有欠莊重），警犬隊通常都會保留其原來的名字。如果是警隊自行培育的，警隊通常都會替其取名，如有警犬退役或死亡，會重新以其名字命名其他新入伍的警犬。

曾取得警犬技能比賽季軍的巡邏警犬 Arwen 於 2017 年誕下幼犬，幼犬會被悉心照顧，成下一代警犬。

以較常見的警犬種類，製作成警隊紀念品。

急症室警員

　　為甚麼急症室有警員當值？他們的主要職責是甚麼？所有公立醫院的急症室都有警員駐守，他們有很多職責，但很多人或有誤解，他們不是負責處理急症室的保安工作，那屬於該院管理員的責任。急症室警員最重要的一項任務是在急症室內把關，處理及跟進一些與求診人士有關的突發事件。另一方面，如醫護人員覺得求診人士的傷勢有可疑和不尋常，不是自然或意外造成的，例如受大量刀傷，便會交由當值警員處理，確定案件性質，作進一步調查。

　　當香港的通訊服務未有如今發達時，很多人受了傷都會直接往急症室求醫，例如工業意外和牽涉刑事案件的人士。警務處和醫院管理局有一套協議指引，分辨哪一類求診個案要轉交，或透過警方轉交有關部門跟進，例如工業意外要轉交勞工署，刑事案件要交警務處等。重要的是一些刑事案件需要受過訓練的警員才有專業能力和知識處理，例如求診者身上有槍傷，警員最重要考慮的是知道甚

麼人開槍傷害他？現時情況仍危險嗎？槍手在哪裏？會否
對急症室內的人造成危險？等等問題。每類刑事案件都需
要不同的專業知識，分秒必爭地採取適當行動，阻止可能
危及其他人的即時危險及追緝在逃人士。

早期多為女警擔任

以往，派駐急症室工作的多是女警員，因早期女性警
員比較少，在急症室工作始終「有瓦遮頭」，不用捱風雨和
惡劣天氣。另一方面，如果街上巡邏的警員有需要女警員
協助，可隨時在急症室找到她們。以往，很多家庭暴力案
件的傷者都是婦女，女警員處理婦孺和性罪行案件會比較

急症室

方便，當然她們也會處理其他工作。

　　七、八十年代，急症室的警員工作量不多，很多男同事怕悶而不願在急症室當值，有些女同事更在那裏織冷衫打發時間。那時候，亦因此造就了很多美好姻緣，因女警員時常有機會接觸男救護員，很多更結成佳偶。

　　隨着往後社會變化，急症室警員的工作量大增，再者有如 2003 年的非典型肺炎疫症（俗稱「沙士」）的傳染病傳播，在急症室當值已不再是一份「好差」。為了保障急症室警員的職業安全，他們當值時需在適當時候戴上保護口罩，需要接觸病人和血液時亦會帶上保護手套。在醫院當值時織冷衫的日子已不復見了。

急症室警員在警崗當值

擦鞋仔

擦鞋仔以往是指一種服務行業，一手抽着擦鞋箱，膊頭搭着一條白毛巾，沿街叫着「擦鞋……」，為穿皮鞋的人（主要為男士和白領）清潔皮鞋。在香港，現在只有中環戲院里和旺角地區才可見到，他們都獲政府發牌，有固定檔口的。另一方面，「擦鞋仔」此用語亦衍生另一貶意，指會做一些事情「拍馬屁」，討好上司或有權力的人。

為同事服務

在警署或警察訓練基地，擦鞋仔（現稱為「後生」）則是受尊重的行業，他們負責清潔每位同事的皮鞋、皮帶等制服，令同事可以整整齊齊專心工作。

在六、七十年代，警察裝備很多都是皮革製的，皮鞋、直皮帶、橫腰帶、手銬袋、警槍袋和警棍袋等都是皮製的。每天出更前都需要把它們清潔乾淨，出勤前上級會要求集隊，檢閱和檢查警員的所有制服裝備等是否整潔。在未有

化學皮漆（leather luster）之前，要令皮具閃閃生光，就要以鞋油塗在皮具上，用磨光布和水慢慢磨擦使之光亮。而腳綁是用帆布造的，首先要用足夠鞋油塗在帆布上，然後慢慢用火燒焙，使鞋油一層層滲入帆布，再用磨光布磨擦至光亮（後來改用塑膠造，便不用擦亮）。那是極花工夫的。

後生並非政府僱員，屬自僱人士，一般跟差館吧叻沙展或一些負責物料供應的同事相熟，然後介紹他們到警署，通過簡單的品格審查，沒有案底，便可在警署工作。首先要跟隨其他後生，邊做邊學，上手後便可獨當一面，為同事服務。

警察是 24 小時工作的，又有不定時的更份，所以後生的工時也是不固定的，時間較長。但因為他們自僱，工作時間全由他們自己決定。警署的福利委員會規定後生的每月收費，由同事自願僱用及付費，與警署（政府）沒有僱傭關係。話雖如此，為了令後生能維持生計，中層管理人員總有辦法着足夠同事使用後生的服務。

隨着警隊內部水準提升和走上制度化，很多同事都有自己的想法，警隊管理階層對同事的制服外觀要求亦比以往合理，每星期的正式檢閱亦取消。加上制服物料已改良，日常所穿的鞋都改用透氣物料，非常容易清潔，不需要用鞋油去擦，所以很多同事已沒有僱用後生幫忙清潔皮帶和皮鞋等，再者沒有新人入行，在警署擦鞋的行業已日漸式

微，相信很快會被淘汰。

　　雖然真正提供擦鞋服務的擦鞋仔行業式微，但很多人卻説社會上的「擦鞋仔」文化卻有增無減。

正在擦皮鞋

檢閱時很重視制服裝備等的整潔

中環戲院里仍有擦鞋的攤檔

木警棍和皮套

法官和髮官

當警察無可避免地經常會接觸到法官，法官總令人聯想到面無表情，高高在上，權威，佢講你要聽，難以接觸。特別在回歸前，很多法官都古古怪怪的，完全「堅離地」，稍一不慎或表現未達他們的要求，他們在判詞上大筆一揮，我們輕則被上司責罵，重則遭紀律處分，飯碗不保。警察總部刑事處大 Sir 為免麻煩，一般都不會跟法官「強撐」，所以前線警察一般都對法官心存敬畏。

髮官顯官威

另一種官，警察（特別是男警）則時常主動去見他，就是理髮師，稱為「髮官」，為甚麼他又是官呢？

這要由警察學堂（現稱警察學院）說起，六、七十年代入學堂受訓時，學員一定要剪指定髮型，頭髮要剷得極短，好像一個椰子殼，所以那時戲稱為「椰殼頭」，有些愛美的同班同學在放假時戴上假髮才敢外出。那些由學堂僱用的

髮型師與教官相熟，亦有點官威，該怎樣剪全由他們決定。雖然理髮費由學員自費，但不得異議及多言，否則髮官會向教官告狀，結果一定不得好過。在六個月的訓練期間，每兩星期都要讓髮官「摸頭」檢查。當然髮官的態度會隨着班的進度而有所改善，踏入畢業階段待遇會最好，學員對他們的不滿亦隨着日子過去變成一種經歷，因大家都知道是「劇情需要」。隨着訓練的人性化，現今警察學院的髮官已沒有那些年那麼有「性格」了。

除了學堂，以往大部分警署都有髮官，理髮室的水費電費煤氣費都由政府支付，所以理髮比在外便宜，髮型亦統一，吸引很多同事光顧。以往上班外出巡邏前需要列隊，讓上級檢查儀容和裝備，包括有沒有剃鬚和髮型是否適合。戴帽後要檢查背後有沒有露出很厚和很長的頭髮，俗稱「大鮑魚」。假如發現髮型不適合，便會勒令立即到髮官處修剪才可出更。

如今管理現代化，加上政府「縮皮」，警員的理髮服務已經外判，需公開招標競投，髮官改為自僱，需要繳交象徵式的租金，更要負責水費、電費等。理髮價格比以往貴一點，但因方便和比在外的理髮店便宜，仍對警員有很大的吸引力。有一些髮官有其獨有技術，又會改善理髮店的設施，很受同事歡迎，需要預約才能理髮。其中表表者是青衣和葵涌警署的女髮官，她們的理髮技術純熟一流，更

提供電髮、染髮服務，很受男女同事歡迎，有些已調離該區的同事或退休同事都仍然找她們理髮。

髮官及警署理髮室

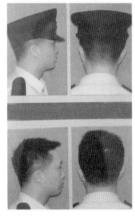

男學警標準髮型

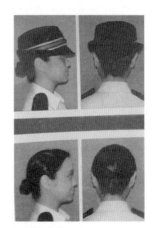

女學警標準髮型

線人

　　執法部門每年都會向政府（立法會）申請一筆俗稱「線人費」的撥款，一向都很容易獲批，特別是在殖民地時期。只是近年一些議員擔心這些錢用於和政治有關的工作上，故有很多追問和跟進，甚至減少撥款。

　　所謂「重賞之下，必有勇夫」，有時一些毫無頭緒的案件，在重賞（術語稱「暗花」）下，很多時候都有人願意協助。「線人費」對執法部門是相當重要的，因有很多案件都由線人提供線索，如果沒有線人或稱「二五仔」，所謂「無鬼死吾到人」，很多勾當都不會曝光。最好的例子是毒品案，因線人費是與搜獲的毒品重量和拘捕人數等掛鈎，所以很多線人都樂於提供資料。尤其在七、八十年代，毒品經香港進出口是數以噸計的，很多不法分子用拖網漁船在公海收貨後大批載回本港水域。所以對線人來說，線人費可以很可觀，但他們亦是「搵命搏」的，因為很多時候不同勢力的不法分子會「黑吃黑」，通知警方只是利用警力打擊對方。七、八十年代警方掃毒非常成功，大毒梟紛紛落網，

被繩之於法，線人應記一功，掃毒成功亦令香港不再成為「毒品轉運港」。現時緝獲的毒品數量是遠低於七、八十年代的，有同事笑言今天警察總部的毒品調查課（Narcotic Bureau）人員都要落區「唧魚蛋」了（拘捕一些藏有小包毒品的癮君子）。

與線人的關係

線人分有多種，有一些是職業線人，和警察或其他執法人員關係密切，特別在打擊賭博和毒品方面，他們會「定期」替警察搜集情報，賣給當區警察，成功破案後收取線人費。有一些只在特定案件協助執法人員，領取「單頭」線人費。執法人員和線人交往要特別小心，老實說，職業線人一定不是一般平民百姓，他們可能「吃多方茶禮」，穿梭黑白二道，有時經驗淺的執法人員和一些監察執法人員的獨立人士會被利用，俗稱「過一棟」。我亦見過同事被利用，後來線人更向投訴警察課投訴，同事被紀律處分，罪名為「與不良分子來往」，最後還被革職。另一方面，很多同事為了和一些「線人」保持良好關係，希望他們提供有用情報，很多時候都要自掏腰包，供應他們「茶煙飯」，這方面是線人費不包括的。

與線人交往絕非易事，如履薄冰，所以「管理線人」例如登記制度等都對同事有一定保障。

搜獲大批毒品海洛英

提供失蹤人士情報的懸賞花紅

合法覊留下逃走

　　2018 年 4 月一名內地男子因提款卡被櫃員機「食卡」
而大為憤怒，他以鐵枝撬開櫃員機希望取回提款卡，保安
員發現報警。一輪追截後該名男子被趕到的警員拘捕，帶
返葵涌警署交 CID 調查。在報案室覊押及作初部調查期
間，那名內地男子趁看守警員忙於其他工作時，偷偷溜走，
從警署停車場車輛出入閘口逃走，後來得知他前往港澳碼
頭會合朋友，計劃乘船離港。負責追捕的警員在他未登船
前將他拘捕，除原本一項刑事毀壞櫃員機罪行外，更加了
一道涉嫌「合法覊留下逃走」的罪名。

　　「走犯」是非常嚴重的事故，內部會按守則指示徹底調
查事件，看看有沒有保安漏洞，是否負責看守犯人的同事
疏忽，並設法防止同類事件再發生。無論如何，走犯對那
些可能有機會犯錯的人員，構成很大的壓力和心理負擔。

　　有一位警務處前處長曾說：「香港警察一年拉很多人，
走一個兩個是自然的。」他憑良心說話，但一如所料遭到
很多人攻擊，甚至要他道歉。那真的好像魯迅筆下的阿

Q，原來說真話人們是不喜歡聽的。其實每年總有幾宗犯人越押事件，較常發生的地點是醫院，當犯人到醫院看病，很多時候需要解去手銬鐵鏈，而病人權益和私隱都是不利保安的。另一個高危地點是廁所，因需要顧及個人私隱，看管時一定無法非常嚴密。

處分走犯警員

我曾處理過很多宗犯人逃脫案件，看守的警員無可避免一定會遭受處分，我從未見過有負責看管的警員能「甩身」避過處分。處分是相當嚴厲的，根據普通法，如有警員嚴重疏忽引致有犯人逃脫，可檢控那名犯嚴重疏忽的人員

押解犯人

到法庭受審，可判坐監。紀律處分是難免的，同時該人員也一定賠上自己的前途，曾犯此嚴重紀律罪行而能夠升級者可謂絕無僅有。

問題是為甚麼會走犯呢？每次案件不同，當中不能排除個人疏忽，但有時可能因同事社會經驗不足，輕信那些老奸巨猾的犯人，或出於同情心被利用。如果同事硬性執行所有指示，「走犯」的機會實在很低。但人心肉造，有些同事不想太不近人情，例如在犯人如廁時，仍用手銬鎖着犯人或要求打開廁所門等，這方面的處事彈性和同情心該如何拿捏，是不容易的，只能見一事長一智。所以很多同事都說當差能夠做到退休是絕不容易的。

人羣管理

九十年代前，各政府部門對管理人羣聚集稱為「人羣控制」（Crowd control），一般使用強硬手段控制人羣流動，那是沿用五、六十年代控制難民從內地湧入香港的做法。對於不聽命的人和團體，只有一個選擇就是用武力對付，例如 1971 年在維多利亞公園的保釣運動，很多不聽命離開的人被打至頭破血流，事後他們更被控非法集會等罪名及被法庭定罪。

直至八十年代初期，中英開始談判香港前途問題，引發一批又一批羣眾上街，羣眾運動接二連三，遊行集會成為香港生活的一部分，及後發展更使香港被稱為「遊行示威之都」，每年有過千次這類羣眾集會。

根據當時法例，那些羣眾活動是不合法的，但政府沒有甚麼明確指令該如何處理，只任由前線警察「執生及搞掂」，偶爾有些衝突亦只是「從輕發落」，可以不控告便不控告，律政署亦抱持這種態度。記得當年有一宗案件十多人為爭取自己的權益或他們稱為的「公義」，而臥在港督府（現

1971 年在維多利亞公園的保釣運動。報導刊在大學的聯合號外上。

雜誌封面見警察以警棍打人

時的禮賓府）外的馬路上，令交通癱瘓，最後他們被拘捕。那時的皇家大狀（當時律政署的外籍法律專員）指示不起訴那些人，理由是「為了爭取公義，社會有時是需要付出代價的」。此言論立即引起譁然，令前線同事不知道如何執法。

提前安排遊行集會細節

為了應付這改變，「上有政策、下有對策」，警隊前線同事開始主動聯繫一些集會活動的「搞手」，提早了解他們的集會目的和遊行路線等，方便部署。同時減少道路擠塞及避免遊行人士與不同政見或目的的人起衝突，例如安撫一些受遊行影響生意的商戶等。有一些死硬派不合作，不願意遵守法律，也不在事前向警方申請，同事甚至「上門」

現代的人羣管理

殖民地時期的人羣控制

替他們辦理申請，使其合法！

　　那時的遊行示威全部都在香港島進行，香港島警察指揮官為了統籌這些羣眾活動，特別在港島行動部加了一位高級督察，專門處理遊行示威，直接與各參與者聯絡，制定各區集會地點和遊行路線。那時一條被稱為「民主路線」的遊行路線，是先在銅鑼灣維多利亞公園集會，後分批由維園正門（維多利亞女皇像那邊）右轉入高士威道西行線馬路、怡和街、軒尼詩道、金鐘道至遮打花園或沿花園道上山直至到達政府總部。

　　而人羣控制亦慢慢由「控制」變成一種新的和有溝通雙向的「管理」。從此「人羣管理」（Crowd management）的概念便廣泛應用於羣眾聚集活動中。

潮水式人羣管理

　　很多執法管理方式今天看來好像理所當然，人人遵守，但有些在初次推行時是很困難的，更甚者要經過「血的教訓」才可推行。

　　六、七十年代人羣控制和管理大多是用武力控制的，到了中英談判香港前途問題時，殖民地政府明顯放寬羣眾集會和遊行的自由，政策模糊和不建議檢討的曖昧態度，令警方執法困難重重。顯然政策是指向公眾集會和遊行，而非一般節日慶典等行為，可惜這股風氣蔓延至各類非政治活動中，羣眾不守法和不合作，令警方的人羣管理工作難以執行。加上當時一些「意見領袖」推波助瀾，為了商業或個人利益等，採取不合作態度，令一些新構思更難以推行。一些高級人員亦因九七問題，前路不明而不想多做，擔心多做多錯，引起羣眾或意見領袖不滿，便有機會揹上黑鑊，不做一定不錯。

血的教訓

　　1993 年蘭桂坊人踏人事件引致多人死亡，慘劇明顯與上述社會現象及心態有關。在悲劇發生前，蘭桂坊已發展成一個每逢西方大節日期間外國人和本地年輕人飲酒狂歡的地點。那時正值萬聖節，大量人羣聚集，曾需穿便裝的英軍協助，特別處理一些外籍人士。警方曾考慮很多措施減低人潮聚集所造成的危險，例如控制進入該區的人數，相信當時一定遭反對，引起一些意見領袖不滿而告吹。最後慘劇終於發生，很多人死亡，成為香港史上一次「血的教訓」。

　　為了不想慘劇再發生，政府成立一個調查及工作檢討小組，由大法官包致金領導，巡視各區觀察人羣管理情況，包括維多利亞公園的年宵市場，最後完成一份報告書。其中對日後人羣管理起了指導作用的，是「潮水式」人羣管理（tidal flow crowd management）計劃。簡單來說就是出和入、上和落的人羣是分隔的，不會相撞，各場所或處所需估計最高容納人數，飽和前便要停止進入等。自始推行的人羣管理工作都十分順利，仍記得在慘劇後一年的聖誕及除夕夜，在蘭桂坊推行該管理方法，一邊入一邊出，人數飽和立即不准進入。很多人被拒於蘭桂坊外，而已進入的人一般會待到倒數後才離開，很多被拒的人只好默默接

受，在皇后大道中、畢打街一帶倒數。

這種人羣管理方法不但在香港採用，世界不同國家地區都在大量羣眾聚集時使用，成為人羣管理的不二之法。

警犬協助人羣管理

出動鐵馬分隔人羣

封閉行車道，應付大量人聚集。

萬聖節在蘭桂坊當值

警隊鉛毒風波

　　2015 年 7 月九龍灣啟晴邨被驗出食水含鉛量超出世衛標準引起恐慌，後來政府作出適時補救才把事件平息。其實鉛是無處不在的，在日常生活中很易接觸得到。十多年前有研究指出漁民子弟的身體含鉛量比一般人高，主要原因是他們時常接觸固定魚網的鉛和多吃海魚。

　　警察內部在八十年代亦曾爆出「中鉛毒」事件，當時所有槍械訓練都由各總區自行負責，除訓練學校和機動部隊外，一般由各區衝鋒隊主理，練靶場可分為室內靶場（Indoor range）和室外靶場（Outdoor range）。靶場工作不需要輪更，所以是一個很受同事歡迎的崗位，一般是需要「炒」的，即要透過「關係」才有機會得到。靶場工作需要有一定技巧和經驗，調動較少，人員大都願意任勞任怨，包括搬運笨重的子

1990 年警隊開始使用特別設計的電腦實彈射擊小型練靶場，俗稱「迷場」。

室外靶場

室內靶場

彈和裝備。

　　當時不太注重職業安全（Occupational safety hazard, OSH），很多靶場工作的同事在工作數年後都有腰骨痛毛病。大家都覺得這毛病很普遍，因警察長期在腰間掛着手槍，還要帶警棍和手銬等巡邏，大家都不以為意，以為只是肌肉勞損。而當痛得要去求助政府醫生時，大都確診為下腰背痛（Low back pain）等慢性病患，只能吃止痛藥，沒法根治，很多同事退休後仍受腰痛之苦。

靶場的鉛毒

　　直至八十年代後期，醫學較昌明和普遍的教育水平提高了，一些有遠見的同事開始和醫生探討靶場人員的健康問題。醫生不清楚同事的工作環境和性質，經過很長時間的研究和實地考察，才得知靶場空氣的含鉛濃度很高。因為子彈含鉛量高，發射後產生的大量鉛粒子在空氣中飄

浮，尤其在室內時情況更為嚴重，長時間在此環境工作便成為鉛粒子「吸塵機」。靶場同事立即去驗血，工作時亦佩戴保護口罩，驗血報告發現很多同事的身體含鉛量高得驚人，而很多同事的腰痛是沿於體內含鉛量過高，俗稱「中鉛毒」。當時的同事較隨和，不斤斤計較，沒有控告政府，只默默承受自己揀選的工作所帶來的痛苦和後遺症。

自此，所有靶場的工作人員都要定期驗血，一定要佩戴保護裝備，如發覺同事每 100 毫升血含鉛量為 10 微克或以上，便要立即調離崗位。若在室內靶場工作的會調到室外，在室外工作的會被調走，避免含鉛量繼續增高，造成危險。

在射槍訓練時亦會使用含鉛量較少的子彈，減少鉛飄浮物，靶場的牆壁和排氣系統亦有特別裝置，盡量吸收飄浮在空氣中的鉛粒，減少對同事健康的威脅。

戶外槍械訓練

第一批女警接受戶外槍械訓練

學警在學堂內練槍

行動代號

　　近年警察和其他執法部門的行動都喜歡使用行動代號（code），例如 2017 年的反網上情緣騙案行動便稱為「勁風」（Strong Wind）。相信最為人熟悉和經常在媒體聽到的行動代號一定是「犁庭掃穴」（Levington）了。該行動在九十年代中開始，最初一直沒有中文名，後來不知道哪位傳媒高手把「Levington」傳神地意譯和音譯成「犁庭掃穴」，自始警察內部都使用該中文名。

　　香港政府執法機構使用的行動代號是沿襲香港警察的政治部（Special Branch，前稱政治組，雖然該部門隸屬警務處，但部門主管直接向當時的港督和英國情報機構負責）。政治部是一個反間諜組織，需以代號代表正在處理的工作，因此很多代碼代號都由該部門「出產」，當中大部分沿用英國軍部所創的英文名，至今仍廣泛使用。

六十年代出版的代碼書

2016 年名為「雷霆 16」(Thunderbolt 16)
的反毒品行動中，檢獲的用具和武器。

代號的背後

政治部於二十世紀中成立，該時期至八、九十年代，通訊服務仍然落後，而政治部人員的早期活動範圍不限於香港，還活躍於中國內地和澳門等，所以行動一般用代號表示，方便同路人互相照應和識別敵我，用途與一般間諜使用的大同小異。六十年代開始，為方便工作和走專業化路線，警隊其他部門亦開始在日常工作中使用代號，但所有代號仍需政治部統籌，避免重複使用，造成混亂。警隊記錄是使用英文的，所以最初只有英文代號，沒有中文代號，當時文字處理器（Word processor）是不支援中文字的。

七、八十年代起，代號一般會連續使用，而非只用一次。例如那時有一個代號叫「Halam」（沒有中文名，同事直接音譯為「哈林」或「蝦林」），「哈林」分為「哈林1至5」，所謂「出哈林更」是針對各種不同的工作，一般由署長[5]準備，信封內會列明工作的行動代號，存於值日官的夾萬內。小隊隊長在出更前向值日官領取信封，拆封後才知道被安排甚麼工作。例如「哈林5號」是專門搜查公寓及時鐘酒店（俗稱「馬欖」），有時拆封後是封「無字天書」，代表沒有行動。直至九十年代，很多行動都習慣使用代號，其實大部分都不是必須的，只是看似時尚和專業，亦方便傳媒朋友記錄，他們一般會問該次行動代號是甚麼。

　　另外有一些代號是經常使用的，當聽見命令為「行動XX」，大家便會明白怎樣做，例如一些行動是專門攔截賊車，便會使用相同的代號。有一些定期行動都會用同一個名，其中以交通部最多，例如每年在澳門大賽車前的反賽車行動和假期前後的反酒後駕駛行動，同事一聽到代號便知道甚麼時候有甚麼行動了。

　　行動名稱現仍以英文為主，如中文譯名能用上較貼近行動目的的意譯，又能展示中文的博大精深就更有意思了。

5　當時的署長（Sub-divisional Inspector, SDI）一般為總督察，接近現時的分區指揮官（Divisional Commander, DVC），一般為警司。當時署長的權力比現時的分區指揮官大和更有面子。

黑幫收數集團亦會仿效警察使用代號說明（在技巧盤問下獲取以下資料）：

代號	意思
BK2001	Bankrupt on 2001（於 2011 年破產）
NA	No person（無人）
C1	Leave letter（留信）
LP	Lei Pei（賴皮）
Hand 2	Two persons visit（兩人到訪）
LSM	Left Strong Message（留字句）
NSP	No such person（無此人）
PTP	Will be paid（會還錢）

警察簽字簿

　　香港警察何時開始使用簽字簿（Visiting Book, VB）已無法考據，但這古老和傳統的警政工具在世界各地現仍普遍使用。一些保安或相關機構亦仿照效法，成為有效的行政或監察工具。

　　警察簽字簿會放置在一些指定位置，例如停車場外，而在銀行、金舖林立的地方，則會放在店內或店外。八、九十年代有很多銀行金舖劫案，有專責巡邏銀行金舖區域的更份（High Risk Premises Beat，俗稱「金舖銀行更」）。當時幾乎每間金舖或銀行內均設有簽字簿，巡邏人員好像簽簿機器，不停填寫簽字簿，內容要分順序填寫，包括：日期、簽簿時間、人員資料，另有上級簽署和備注。以往銀行金舖會僱用配備鳥槍或警棍的看更，負責店舖的保安。後來因為警

香港的簽字簿和供存放的簽字簿箱

察不停巡邏和到場簽簿，很多店舖索性辭退看更，所以今天連銀行也少見持鳥槍或警棍的看更了。

隨處可見的簽字簿

時至今日香港不是各警區都有簽字簿，有些警區已經不使用了，因為簽字簿已由多用途變成主要用作內部行政監察。簽字簿亦曾被賊人利用來監察警察的巡邏路線和時間，簽字簿內資料詳盡，只要細心分析多幾本，便可看到警察的巡邏模式、路線和甚麼單位人員會巡邏到該地點等。話雖如此，現時仍有很多機構不時要求警區在他們的公司外或附近放置簽字簿，但一般不會被接納，除非地點剛巧有行政或監察上的需要。

簽字簿亦可短期放置在某些地點，例如一些不需要警察長期駐守的災難或意外現場，定時有警察巡邏，到場簽字，便可以負起監察作用。有一些地點，例如郊野公園，都有放置簽字簿，雖不常有警察巡邏和簽到，仍能讓郊遊人士在心理上一種有警察巡邏的安全感。

至於簽字簿會否被電子裝置取代或淘汰，看現時情況及其存在價值，我相信在可見的將來暫時不會，因簽字簿是一種既傳統實用又價廉物美的有效警政工具，不是科技產品可替代的。

台灣巡邏箱

中國內地簽到箱

馬來西亞簽字簿箱

第四章

警隊文化與本土情懷

聯和墟的訓練期生涯

聯和墟是新界早年市場及墟市的代表，當中的一事一物都反映過往北區居民的民生，見證新界北區歷史。聯和墟於 2002 年結業，預計將活化為城鄉生活館。如果單是把街市活化成新式攤檔，售賣雞屎籐茶粿、砵仔糕等，又或改成高級食檔，我認為那都是沒有意思的做法。

不得不說香港警察自六十年代初已和聯和墟有着密不可分的關係，每一位那個年代的警察特別是少年警察訓練學校（粉嶺營）的學員，都非常熟悉聯和墟，有一份特別的感情。

五十年代尾，因應內部保安需要而於粉嶺舊軍營設立警察訓練營（Police Training Contingent，為藍帽子 PTU 的前身）。自始，每一位男性警務人員都需要在該處接受應付暴動訓練，另外原則上每晉升一級也要到訓練營接受另一次不同崗位的訓練。早年採取禁閉式訓練，學員一天三餐都由營中的廚房供應，所有食材都由警察膳食員（Police Cook）到聯和墟選購，學員不得外出。

粉嶺香港警察機動隊總部

營內防暴操

粉嶺基地演習

街頭的防暴演習

聯和墟街道是橫直分明的，學員會走出營外，在該處進行防暴驅散人羣訓練和演習。手持長短槍的警察在街道上走來走去是早年常見的現象，甚至會施放有顏色的模擬催淚彈，見慣演習的街坊都見怪不怪，還提醒學員放煙彈時要留意風向。

當時銀行服務尚未自動化，沒有提款機，一般人會在出糧日把整個月需要使用的錢從銀行提出作為家用，交由妻子管理。警隊很重視這良好習慣，所以在發薪日會有半天時間讓學員到聯和墟的銀行提款。當時該處只有一間滙豐銀行，需要排隊半至數小時才辦妥（黃竹坑警察訓練學校內只有該銀行，所有入學堂的學警一定要在該處開戶，以便發薪水）。但因聯和墟交通不方便，提款後也趕不及把家用帶回家，所以大家都會利用該數小時的「假期」，在聯和墟吃一頓較好的飯菜，算是在那艱苦和有點「不人道」的訓練中，平添一點色彩，苦中作樂。飽餐之後，又要回到訓練營裏。七、八十年代曾流行一首 PTU 歌（寄調歌曲《天蠶變》），道出受訓人員的心聲：

未入過 PTU，點算受過苦，豺狼在冷笑，暗示前無路。
柴頭在身邊，發出警告，我只是照做。

雖知此山頭教官滿佈，膽小非差人，絕不願停步。

冷眼對斜路，寂寞是命途，明月影吧叻，倍覺污糟。

拋開理想，飽遭煎熬，早知道係惡撈。

諸多顧忌，整餅捉蟲，教官的確無用。

一生當差人，永不信命數！斬荊棘沖波濤，更感自傲！

抹去了眼淚，背上了憤怒！來日攀高峰，再與他比高！

交通不便的好壞

住在香港島和九龍半島的同事，每天要到粉嶺藍帽子基地接受訓練是非常不便和辛苦的，天未亮便要起牀到尖沙咀乘火車，晚上回家已是八、九時了。如果那天被罰或加操則不用回家了，只好留在訓練營，睡在地上或櫃頂。當時營內沒有牀或電風扇等設備，蚊子又多又大隻。唯一能解悶和吐吐氣的便是到聯和墟吃宵夜，那裏的檔主都知道他們是「落難差人」，會送來一雙（兩瓶，不是一箱）特別凍的啤酒和有名的當地出產的煎釀三寶（菜是當地種的，鯪魚是當地魚塘養的），「一醉解千仇」，明天自有明天事。

交通不便卻也有好處，造就了一些姻緣。很多單身同事索性在訓練期的三個月時間，在基地附近例如雞嶺村等租屋居住三數個月，在艱難日子中嘗試田園生活。很多人

慢慢愛上這種生活方式，還結識了村中女子，有些結為夫婦，從此成為「村夫」。

為宵夜偷走

最早的少年警察訓練學校（Police Cadet School）亦設於粉嶺聯和墟旁的芬園（現址為警察駕駛訓練中心），是採取兩年住宿的教學模式，除得到學校批准，一律不准外出。那些十五六歲的少年，精力充沛，要困着他們是不容易的，尤其晚上，有些學員會「偷走」（俗稱「偷雞」）到聯和墟買東西，逛一逛，這就是他們「歷險」的一部分，更有學員曾在聯和墟醉酒打架，最終被趕出校。聯和墟的宵夜對學員來說最吸引，很多時候學員會跟店主溝通，安排送炒粉麵飯到聯和墟和學校交界處，等他們去接收，教官大多會「隻眼開、隻眼閉」，有些較開明的教官還會和他們一起享用。不可不提的是，那時只有公眾電話，打電話需要付費，如果店舖電話不通，那天便沒有宵夜吃，這亦是他們要「偷雞」出外的其中一個原因。

除了藍帽子和少年警察訓練學員外，特別任務連（飛虎隊）的基地亦在粉嶺，飛虎隊隊員除了時常光顧聯和墟的食店外，還有一個鮮為人知的「行動秘密」，就是他們會使用一種反恐神器」—— 竹梯！竹梯輕巧不傳電，攀爬時

很方便，世界各地有很多相類部門都會用到。七、八十年代飛虎隊的「反恐竹梯」就是由聯和墟供應的。

六十至八十年代，大量外籍警官和英兵在粉嶺一帶工作，因而出現了很多傳統英式酒吧（Pub），這亦是當時的特色。很多外籍和一些華籍警官很喜歡工餘到那些酒吧「飲番杯」，警隊很多重要事情和反恐防暴戰術或者都在該處決定或產生。

活化聯和墟，警隊的歷史身分應該是不可或缺的，或可說是重要和有趣的元素之一。

警察少年訓練學校第六期畢業照，前排左八為已故總警司馮建民先生（當時階級為警長），身旁是已故總督察葉包福先生（當時階級為警署警長），時任副校長為已退休高級警司林占士先生（當時階級為警司）。

警察少年訓練學校學員

英女王讓位

我寫過一本有關「大館」（中區警署）的書，曾替活化的大館做口述歷史，講述對此處的研究和三十多年來執勤的所見所聞。很多朋友都約我一起遊大館，而我每星期都在中環工作一兩天，有空亦上大館走走，看看活化後的情況和新元素，懷緬一下曾工作的老地方，經常會意外碰到一些很久沒有見面的老朋友和讀者朋友。

上月到訪大館時，在訪客中心聽到有人談到該位置以往屬哪部門，讓我想起享年 96 歲的堪輿大師、曆法大師「真步堂」的第三代傳人蔡伯勵老先生。七、八十年代，他除了替港督府（現稱禮賓府）看風水，亦曾替不同警署看風水。

受歡迎的關帝房

在大館訪客中心南面，活化前是香港島衝鋒隊（Emergency Unit, Hong Kong Island, EU HKI）的睇樓（Tai

Lau，由警員負責文書及守衛等工作的崗位）房，該房間向西的牆上安放了一個關帝神位，所以睇樓房又稱關帝房。

該關帝神位位置在殖民地時期原本掛有一張英女王相片，相信是自二戰後開始掛於該處（回歸前，警署內所有主要房間都要掛上英女王相）。七十年代初，香港治安非常差，人心惶惶，很多警署偵探房早已安放關帝神位，希望得到庇祐。衝鋒隊每天處理很多緊急事故，面對很多不可預測的事情，比便裝偵探更危險，同事受傷和發生意外的情況亦比一般警察多。他們為求安心，便發起安放關帝神位在辦公室內。警察高層（特別是洋人）對此方面的一向政策是不鼓勵亦不反對（偶爾有一些華人上司反對，但他們都不得人心）。1973 年，據說邀請了堪輿大師蔡伯勵來睇位，以羅庚堪察和仔細計算後，發覺掛了英女王相的位置最適合安放關帝神位，各人感謝蔡大師指點，他不收取分文，但同事都封了五百元紅包給他，並護送他離開大館。

大師離開後，各人立即開工，先請英女王「讓位」，把她的相片除下（他們除下相片時有沒有做特別儀式及唱英國國歌便無從稽考），掛到另一道牆上，直至 1997 年 6 月 30 日。

衝鋒隊更「自製」了一個神位，包括木吊櫃神位和畫了一幅關羽像，旁為關平和周倉，擇日安放，面向大地（停車場），守護衝鋒車和各隊員。自始，每天有很多同事（特別

是駕駛警車的同事）出更前到來上香，升級時會舉行盛大的拜關帝儀式，更在此拍照留念。在大館，衝鋒隊的關帝很旺各級隊員，這是人盡皆知的，每年都有很多人升級。除了衝鋒隊的工作性質及隊員的努力外，與風水有沒有關係就不得而知了。

八十年代香港島衝鋒隊辦公室（睇樓房）

在關帝神位前留影

大館內拜關帝

女王的餘威

　　近年，很多人討論「去殖」（除去殖民地時期的特色）和「戀殖」，有時更政治化起來。我卻想跟大家談談大英帝國兩位女王在香港的「殘餘威勢」（餘威），無論你喜歡與否，她們對香港仍有一定影響力。

　　第一位是英國佔領香港時期在位的維多利亞女王

維多利亞女王銅像放置在維多利亞公園其中一個主入口內

（Queen Victoria，1819 至 1901 年），她雖然是我們祖輩人物，但今天她那曾險被日本人熔掉的銅像，仍安穩地坐在香港中心地帶銅鑼灣維多利亞公園主入口內（日本佔領香港時，曾將她的銅像運往日本，打算熔掉做子彈，戰後才在日本被發現，運回香港）。在香港，無人不識維多利亞公園，幾乎所有羣眾運動都在此舉行或起步。這可追溯到殖民地時期，在羣

眾運動蓬勃的八十年代尾，殖民地政府宣佈及刊憲表示，維多利亞公園的音樂亭是香港唯一及指定的公眾集會地方（Gazetted public meeting place），在那裏舉行的活動，原則上是安全的。自此，人人都認識維多利亞了。

收藏女王頭

另一位是至今仍在位的伊利沙伯女王（Queen Elizabeth II，1952 年即位），用她頭像作郵票和錢幣的可算是全世界最多及用得最廣泛的，相信是前無古人，後無來者。雖然英國已將香港交回中國二十多年，有她頭像的錢幣仍於香港流通（郵票則於回歸後不再通用），特別是鑄有她頭像的硬幣，所謂「女王頭」，仍普遍使用。但較新和「品相好」的「女王頭」則較難找到了，相信很多人家中都有收藏一些作紀念。在她的子民和很多人心目中，英女王伊利沙伯二世確是一位值得尊敬的女王，她的經歷，加上她在政治上適時發揮影響力，對全世界都有一定貢獻。她和丈夫菲臘親王年事已高，宣佈不再參與任何公務，大家仍然關心她會否將王位交給她的長子查理斯，畢竟他等了數十年，亦已變成長者了。

一些靈活的香港商人想到將她頭像的硬幣包裝成紀念品，成為香港手信，但因女王頭硬幣流通量多，所以只有

接近未使用過的或品相好的才有一點升值能力。但另一方面，近來英女王亦與中國偉大領袖毛澤東主席看齊，成為「擋煞」和「吉祥」之物，有些人將銅色的低面值女王頭像硬幣放於玻璃瓶內，置於當眼地方，用作擋煞或招財之用。頓時使「全新」的一、二角女王頭硬幣升價多倍，有價有市，但此熱潮能維持多久則不得而知。女王雖走，但看來餘威仍在。

女王頭硬幣

英女王伊利沙伯二世

警鴿與警貓

2015 年，西貢警署的魚池有十多尾錦鯉集體死亡，後來發現是水池氣泵壞了，魚兒缺氧而死。是否所有警署都會飼養動物？有甚麼有趣的動物或寵物能夠成為警署的一分子？

以往，部分警署內確有不同種類的動物，牠們因不同需要和理由而住在警署。例如同事的興趣和風水原因，有些會有魚池或魚缸飼養魚和龜，亦有一些動物與警隊歷史和實際用途有關。

在無線電等通訊設備未發達前，維多利亞式建築的尖沙咀舊水警總部（現址為 1881 Heritage）需要利用白鴿，用飛鴿傳書方式與港口內外的水警輪聯絡，所以便飼養了很多傳遞書信的「警鴿」。後來發明了無線電並普遍使用後，那些警鴿便變成該總部人員的「寵物」，並不斷繁殖。相信香港現在很多野鴿都是牠們的後代。

舊水警總部的警鴿架

50 年代 2 號水警輪

70 年代水警輪

動物收容所

　　以前的香港人很喜歡吃野味，很多受保護的珍禽異獸都會從水路或陸路被偷運入境，被截獲後偷運者卻多數不知所終，那些珍禽異獸便會留在警署。那時法例尚未完善而有關部門亦未能配合，即使向法庭申請充公，結果亦是交由警方處理，所以很多時候警署便成為這些動物的收容所。有些警署會自資興建動物籠，去飼養那些動物供同事

欣賞，鬆弛一下緊張的生活，例如香港仔警署曾飼養猴子、鴨、火雞、雞、鳥、魚和龜等，新界一些警署更曾飼養蛇和蜥蜴等爬蟲動物。後來法律和制度慢慢完善，警署飼養家禽或受保護動物已是昨天的事了。

大部分警署現時除了警犬外，還有「警貓」。以往香港工商業未蓬勃發達，市民普遍生活水平不高，小販四處都有，造成阻街及衛生問題。拘捕非法擺賣者特別是熟食小販是當時警察的主要職務之一，每天充公很多生熟食物，全部都需要暫存警署，但此舉容易引起鼠患。鼠患曾在香港造成大災難——鼠疫。警署曾使用很多方法滅鼠，但成效不高，始終最傳統的貓捕鼠是最好的，所以警署可「非正式」（unofficially）地養貓，這比正式地養狗（引入警犬）還要早。

直至今天，幾乎每間警署都有警貓，除了滅鼠外，亦成為同事的寵物，有些人更自掏腰包買貓糧給貓兒吃，上班前後均與貓兒玩耍。不過由於現時清潔工作做得好，滅鼠技術又不斷提高，警貓捉老鼠的作用已漸漸被淘汰，可能很快便會步警鴿的後塵成為寵物，而其曾發揮的功用會慢慢被遺忘，走入歷史的殿堂。

警貓

三軍未動，糧草先行

　　警務處前處長李明逵先生，退休後除了義務擔任香港公共行政學院院長外，亦曾教授烹飪，很多餸菜都煮很出色，特別是豬扒。愛吃是人和動物的天性，那麼警察對飲食有研究嗎？

　　這要看個人興趣和工作崗位了。在警務工作中，有很多工種要負責管理膳食和相關設施，例如飯堂。每一所警署都有飯堂，很多亦有高級人員餐廳（Officers' Mess）（九十年代的警官餐廳）和警佐（警長和警署警長 NCOs' Mess）餐廳，另外還有其他警察會所及度假屋等。

　　警察提供 24 小時全天候服務，全年無休，膳食是當中重要一環，所謂三軍未動，糧草先行。因工作關係，警察亦較多機會接觸不同飲食場所，很多同事因而對飲食和健康多了研究，即使不是負責膳食的亦會產生興趣，「搵好嘢食」亦成為他們工作的一部分。在香港，不用瓶窿瓶罅都有「好嘢食」，尤其是自己服務的區域，多機會接觸一定食到「好嘢」。

六十年代末七十年代初，黃竹坑警察
訓練學校內的高級人員餐廳。教官在
室內休息，有些讀報，有些舉杯暢飲，
大家都赤膊，輕鬆地談天說地。

九十年代的警官餐廳

高級美食團

　　很多同事喜歡駐守衝鋒隊和交通部，可以用警車巡邏
較大範圍，工作以外，亦可「尋找」有甚麼好吃。跟店主
相熟後，可向他們請教選料和烹調之法，甚麼「秘製」店主
都願意如數家珍。早年人情味較濃的時代，警員和食店店
主亦容易成為好友。我駐守跑馬地時，有一檔雲吞麵全港
知名（警察術語稱雲吞麵為「老鼠肉」，因日本佔領香港期
間，食物短缺，有些小販為了生計，用老鼠肉來代替雲吞
肉！）。他的家傳雲吞特別香和好味，檔前常見人龍等買，
很多人都想知道雲吞中加了甚麼。和檔主稔熟後，他靜靜
地告訴我他在雲吞中加了地寶魚（即大地魚）魚粉，他見我
這麼有興趣，更傳授了一些做麵的秘技給我。

　　當我駐守衝鋒隊和交通部時，很多人都稱此為「高級

美食團」，隨了工作較忙的日子外，很多時候都可以到不同地方購買特色和有名的食物。輪班工作令我們可以在早中夜更和假期到各區選擇不同的食物，又因是熟客和警察的關係，很多時候老闆都會「畀面」，給些「好嘢」。不同季節、時間和地區，各式各樣的美食都在我們的龐大資料庫（database）內。

　　或者我可以開寫一個警察飲食專欄，向大家介紹 24 小時不同地區的各式美食。

大地魚乾

炭燒大地魚，脆身後磨碎成粉。

飲食中的警察情誼

　　早前聽到兩間著名酒家中環蓮香樓將結業和鏞記清盤的新聞，令我想起這兩間老舖曾是警察之友的一些點滴。

　　兩間酒家都位於中環心臟地帶，亦接近舊中央警署，七、八十年代它們是駐守中區的同事經常光顧的酒家，大食會（聚餐）的場所。

　　兩家的上一輩老闆和老伙記跟中央警署同事都素有交情，關係熟絡，蓮香樓更是巡邏該區的同事的早餐聚腳地。九十年代前，警民關係這個詞語尚未見經傳，但實際的警民關係之好卻不可和今天相比。穿軍裝上酒樓飲茶吃飯是每天的平常事，返夜更（晚上十一時至早上七時）的同事有吃早點時間，寒天清晨五、六時是最肚餓的時候，蓮香樓的一壺靚普洱和一盅蒸鳳爪排骨飯或惠州梅菜肉餅飯，就是最好不過的配搭，吃後暖笠笠，可以繼續未完的工作才收更。返早更（早上七時至下午三時）的便可在上班前多加一兩籠點心（警察不喜歡講「籠」這個字，因「籠」代表坐監，「一籠」代表坐監一年，所以用「碟」來代替「籠」），那

天早更便特別醒神，做起事來更有精力。

大食會文化

鏞記的燒鵝頭則是佐酒佳品，返中更（下午三時至午夜）的總有一兩晚放工後會在警署飲啤酒吃鵝頭。鏞記創辦人和他的兒子跟警署同事關係都相當好，一般都是半賣半送，還預留一些特別肥美的鵝頭給同事。當時很少人吃燒鵝髀，覺得肉太厚和粗糙。而且普遍缺乏健康知識，有些同事吃得太多，年長後引發心血管疾病。

同事經常在鏞記聚餐，燕窩粥和燒鵝是必吃的，但餐前的酸薑皮蛋更是絕配，更加吸引，它能刺激人的食慾和分解吃燒鵝後的油膩感。店舖還有很多特別為警察而做的巧手名菜，價錢都非常合理。

當時的人比較簡單，喜歡互相幫助，警民關係和警察同事間的關係都特別好，做起事來特別齊心。同事間的感情、合作和團隊精神，還有工作經驗，很多時候都是在大食會之類的活動中得以提升和傳承，而不是坐在辦公室，板起臉，公事公辦時可以做到。而警署附近的酒樓便提供了這類場所，形成了這種獨特的警察情誼文化。如果能把這些香港警察大食會獨特文化，列入聯合國教科文組織非物質文化遺產名錄，相信亦不為過。

蓮香樓

鏞記酒家

蓮香樓室內

燒鵝頭

夜更巡邏隊的良伴

　　2016 年初有一位好好先生在 7-11 便利店內工作，企圖制止一名男子盜竊時，被人用刀直插胸部，數天後傷重死亡。幾天後，7-11 發起募捐運動，呼籲大家捐獻給死者家屬，只要到該便利店說明來意，所有捐款即時發出收據。首八小時已籌得一百多萬元，可謂人間有情。

　　在該次捐款行動中，很多警察羣組都發起捐款，尤其一些於六、七十年代加入警隊的同事更大力支持，他們對該品牌的便利店於八十年代初引入香港特別難忘，可能當中夾雜了一點情意結。最初便利店真的是朝七晚十一時營業的，後來才改為 24 小時，現今只有小部分店舖會在晚上關門，例如設於港澳碼頭那間。跑馬地黃泥涌道電車總站那間是全港最早的一間「老店」，原址正是七十年代跑馬地紙盒藏屍案的一帶。

1979 年香港電台拍攝實況劇「執法者」系列，偵破跑馬地紙盒藏屍案的案件主管 —— 兇殺組外籍總督察貝亞先生（右二，綽號「光頭神探」），參與其中單元劇「紙盒藏屍」，向台前幕後講述案件經過並客串一角。

與便利店的緣

香港未有便利店前，晚上出外巡邏的同事，一般在中更（下年四時至十二時）的下半更及夜更（午夜十二時至早上八時），很難找到地方飲水或進食小食補充體力。尤其在寒冷的晚上，想找杯熱水抵抗嚴寒就難上加難了，加上那時的保溫壺很笨重，不方便攜帶。

自八十年代初有了便利店，引入很快「叮熱」食物的微波爐（當時是新發明，不是一般家庭有能力擁有的）和製冰機，不論任何天氣都有適當溫度的飲品和食物可解渴、驅寒和充飢，實在提高同事的「戰鬥力」。

初期便利店經常受到小偷干擾，甚至被劫，所以便利店是巡邏的必到之地，有些店舖甚至設置警察臨時簽字薄，會定時巡查。經常被洗劫的店，多處於較僻靜的角落，探員還會喬裝成店長或店員，將劫匪繩之於法。現在縱使便利店的輕微罪案偶有發生，但都是個別事件，不再是匪徒犯案的主要目標。

在便利店較少而人情味較濃的年代，很多同事跟店員都會成為朋友，亦有店員因而成為警隊一分子，加入除暴安良，伸張正義的行列，更有端莊賢淑的女店員成為「警嫂」，成就美麗的愛情故事。

今天便利店隨處都有，但各人都為不同的事情忙碌，偶有時間都專注在自己的隨身智能手機上。透過思樂冰、熱維他奶和潛水艇三文治而建立的警民關係，已是那些年的警察故事了。

馬鞍山礦場

　　2016 年古物諮詢委員會（古諮會）將馬鞍山礦場的五幢建築物分別評定為二級及三級，最「蝦碌」的是被評為三級歷史建築物的礦場炸藥倉部分已被清拆，窗框毀爛。當時的古諮會主席林筱魯指有關清拆未有破壞該處的歷史價值，但會檢討部門之間的通報機制。我傾向同意清拆行動不會破壞該處的歷史價值，而事實上又有多少人曾到訪過該自 1976 年來已荒廢的礦場？

　　馬鞍山礦場的歷史可追溯至 1906 年，那時一間名為 The Hong Kong Iron Mining Company 最早取得開採權，他們僱用一班留學美國修讀開採礦產課程的人進行研究和試掘，但未能在有經濟效益下成功開採礦產，之後亦有多批人嘗試開採都不成功。

日本人成功採礦

　　日本缺乏鐵礦，在日本佔領香港時，他們早已窺伺該藏

量豐富的礦場。他們立即以鐵腕手段「僱用」千多人（相信很多是被迫的或是戰俘），以日本技術成功開採不同礦產（該礦是東南亞藏量最豐富和質量佳的磁鐵礦），並運回日本製造及生產軍備包括飛機、大炮、戰船、潛艇和槍械彈藥等。

1945 年 8 月，日本戰敗投降，該礦場亦關閉及停產。直至 1949 年，大公洋行購入戰前開礦公司的 50 年合約（1931-1981），得開採權再開始開採。洋行亦和日本合作，和日佔時期一樣，一直使用日本工程師和日本技術，礦產亦直接輸往日本，至 1976 年大公洋行結束採礦業務為止。大公洋行曾希望再發展該礦場地段，但未獲香港政府批准。開礦牌照於 1981 年屆滿，大公洋行正式撤離該礦場。

認識香港礦業文化

在馬鞍山未發展前，只有水路小艇才可到達該礦場，如今曾在此開礦的老礦工大都遷離礦場附近的村落，只留下數伙和一些後來遷入的人靠務農為生，社區設施不足，需要靠慈善團體協助。

我曾駐守沙田警區，馬鞍山由沙田警區管轄，我們的村巡隊（Rural patrol team）經常巡邏該荒廢礦場，防止非法霸佔和非法入境者躲藏，但荒廢地早已雜草叢生，蛇蟲鼠蟻甚多，那些開礦隧道已有部分倒塌，危機處處。曾有

同事在巡邏時跌傷，幸好只是輕傷。

　　2013 年基督教香港信義會展開活化計劃，該會於 1950 年在礦村成立教會恩光堂，建成禮拜堂，並為村民提供教育、救濟、醫療、生活援助及服侍善工。2015 年禮拜堂活化成鞍山探索館，開放公眾參觀，並舉辦各式古蹟故事導賞和工作坊，讓大家認識馬鞍山礦場歷史。

2009 年拍攝的禮拜堂舊址，現已活化成鞍山探索館。

礦洞遺址

懷念陳思祺

八十年代末九十年代初，香港的社會治安面對重大挑戰，那時經濟起飛，中國內地沿海城市改革開放剛起步，其他內陸地方仍非常落後，香港名符其實遍地黃金，有很多金舖和珠寶行，吸引不法之徒偷運「爛命一條」的內地人來港打劫。他們當中曾有當兵的，強悍兇狠，被稱為「省港旗兵」（源自 1984 年一套同名的香港電影）。當時持槍行劫案是家常便飯，街頭經常成為警察與悍匪駁火的戰場，要數臭名昭著的悍匪便有季炳雄和葉繼歡。警方經常需要提升槍械火力應對悍匪。

當時很多同事不敢告訴家人工作的危險性，更有自掏腰包購置較優質的避彈衣上班。能安全回家是各人每天的最大希望，很多警署都掛有對聯寫着「開開心心上班去，平平安安回家往」。不少同事在不同的案件中受傷，而最嚴重和後來因傷受病魔煎熬最多的是陳思祺督察。

匪徒近距離射穿頭部

陳思祺在 1983 年加入警隊成為警員，1987 年升為見習督察。1992 年 4 月 24 日，在大角咀利得街一個賊人藏身的唐樓單位外與多名匪徒相遇，匪徒手持 AK47 步槍頑抗，他和同事分別找掩護，有些走上天台，而他與同事向下走出大廈，但這唯一出口卻自動關上。他擔心在天台的同事被困，便借來一枝「鐵筆」，打算撬開大閘，這時多名匪徒已下樓，並用 AK47 步槍向他頭部近距離開槍，子彈從眉心，貫通鼻竇、舌頭，再由下顎穿出。經醫療團隊悉心醫治和照顧，總算保住性命，但從此失去味覺和嗅覺。隨後接二連三進行手術，不同的疾病和癌病接踵而來，不幸於 2015 年 10 月與世長辭，終年 51 歲。當天他冒生命危險再折返大廈，為了營救下屬的高尚行為，為香港寫下了一個英雄故事！

2015 年 10 月 16 日，陳思祺家人為他設靈，送別這位好丈夫、好爸爸和英勇警察，17 日安葬在和合石浩園。

以下兩則小故事，由他同期的見習督察及好友、退休總督察嚴志偉講述，希望借故事讓他的笑聲長留。

1988 年，陳思祺在觀塘負責掃黃賭毒，連同嚴志偉一隊共 10 多人，聯合去秀茂坪進行反毒品行動。到了目標單位門外，目標人拒絕開門，隊員開始用「鐵筆」撬鐵閘，

但撬不開，後來單位內有人大叫：「不要撬爛道閘，開門啦！」事後，陳思祺和嚴志偉都捧腹大笑，真好彩。

　　1989年，陳思祺調入調景嶺負責掃毒，被一姓盧積犯放狗追；同時，嚴志偉在秀茂坪放蛇買鹹帶（色情錄影帶），結果只買得到卡通片，賠了夫人又折兵。他們向上級求助，後來得知幕後人是同一人。指揮官得知兩位幫辦仔（見習督察）被戲弄，立即出動反黑組30人，拉了那積犯。事後陳思祺和嚴志偉都好開心，感大快人心，大笑良久，還破了大案。

陳思祺（站在中間）和嚴志偉（左二）在警校受訓時攝

2015年10月，陳思祺安葬浩園。

附　錄

永誌不忘的出學堂日子

好不容易，1977 年 5 月 14 日我終於在黃竹坑警察訓練學校畢業了。仍記得那天大清早起來，梳洗過後，開始整理行裝，午後便會離開這「住」了大半年的地方，正式成為皇家香港警察的一員。在離開前一天，沙展教官 7776 梁棟材已向我們發委任證（Warrant card），我已正式成為警察了。

不知道甚麼原因，這個由第一天進來已很想走的地方，到了離開的當天早上卻有一種捨不得走的感覺。看看四周，既熟悉又陌生，一事一物，一點一滴都在腦海浮現，可惜那時沒有智能手機，相機又不普遍，未有一一拍照記錄下來。

到了吃早餐的時候，今早香香麵包公司（學堂的早餐麵包蛋糕供應商）的蛋糕比平時好吃多了，飯堂的牛奶麥片和白粥又香又滑，過去幾個月不想吃的東西當天都成為世上美食，同期同班同學更笑説：「有食好食喇！明天無得食，要食自己喇！（自己付費的意思）」

早餐後，又是跑（學堂規定，所謂「見光死」，即在無瓦遮頭的地方，其他人很易見到的露天範圍，穿軍裝一定要步操，穿運動衫一定要慢跑，又稱 double march）。回吧叻房（Barracks room，宿舍／營房的俗稱）時，覺得這天跑起來特別起勁，沿途一草一木都特別美麗，草香四溢。回房後立即換上整齊制服，在士多房取回自己的 303 步槍連刺刀，用乾布把槍身和刺刀抹至反光和一塵不染，亦檢視自己身上的皮具（橫和直腰帶，皮面膠底靴），輕輕抹拭使它們如鏡般光亮，再找來同學互相檢查一次，務求以最佳狀態出操場。

嚴師的勉勵

不久，班長（忘記是哪一位）大叫 fall-in（集隊），各人很快便走到樓下集隊（我們住在 H 座頂層四樓）。沙展教官梁棟材到達，班長向他見禮後，他叫 stand ease（即站在休息位置）。他沒有平時那麼兇惡，友善地對我們說：「你們今天大個仔喇！正式成為皇家香港警察，出到去就不同在學堂了，要為自己所做的一切負責。」各人不約而同說聲：「Thank You Sir!」，平時兇惡的沙展梁 Sir，今天變成了一個慈祥的爸爸。我們的幫辦教官高級督察梁方池亦到達，他一如以往慢條斯理，向我們說了一番和沙展梁棟

材說的差不多的話，之後兩位就與我們分手。到來的見習督察一男一女（鄧立前先生和李景瑞小姐），帶領我們到操場參加畢業會操典禮。當時校長是外籍總警司麥利雲先生（Mr. A. McNiven），典禮莊嚴而隆重，很快我們便操過桂河橋（操場邊的小斜路），離開操場，正式成為警察。那天來觀禮的只有我的中學同學陳彼得，他後來都加入了那時的監獄署（現稱懲教署）。

中午時分，大家回吧叻房取回衣服袋（學堂發給每人一個啡色帆布袋，用以收拾制服裝備和毛氈等東西），向各位相處了多月的同班話別。較早前，一些比較成熟的同學已收集各人的地址電話（我是全班年紀最小的一位，入學堂時只得 17 歲 8 個月），方便日後聯絡（當時沒有手提電話和傳呼機等通訊工具，只靠家中電話，亦有人家中是沒有電話的，只能靠書信聯繫）。自此各散東西，離別容易相聚難，能再全班齊齊整整相聚，絕非易事，事實上往後亦從未試過全班再聚。當時只有一位同學（警員 12616 溫國明）和我一起分派到灣仔警區，其他人都被分派到九龍和新界。我們便一起揹着衣服袋和雜物到操場旁的停車場，找那來自灣仔警區的「豬籠車」。

新仔初到貴境

我們和十多位其他班的同學很快便登上了那豬籠車，被送到灣仔洛克道的灣仔警署。有一位穿便裝的警員，相信他是當時灣仔的吧叻仔（支援部的警員 14828 賴志堅，後升為督察，退休時為總督察）。他安排我們到警署對面的吧叻房，我們每人獲分配一個木櫃，放置帶來的制服和裝備。在我安放制服時，警員 13074 走來和我打招呼。我當時獲派的警員冧巴是 13073，他說原本的 13073 當差不久便離開警隊，另謀高就了。這可算是奇遇，竟能找回我冧巴的「前世」。

正忙於和 13074 寒暄時，那吧叻仔便通知我和溫國明，我們會派到跑馬地警署駐守，很快有車把我們載到該警署（跑馬地是我較熟悉的地方，入學堂前我曾在跑馬地奕蔭街 29 號地下的捷飛航空貨運公司工作了差不多一年）。下車後，有一位穿藍色蛤姆衣（連身工人褲）的先生招呼我們（後來知道是吧叻沙展張熾斌，斌叔），帶我們到吧叻房，介紹瓊天酒家（canteen）。記得那飯堂老闆的花名叫「三索線」。斌叔說飯堂可以記賬，月尾找數。他更指示我們到捕房（報案室的舊稱）看更紙，看看星期一甚麼時候上班，我被編在第二巡邏小隊（Patrol Subunit 2），星期日例假，星期一返中更（下午三時至晚上十一時），而溫國

明則被分派到第三小隊。

跑馬地的風光

　　那時跑馬地上半山是高尚住宅區，近馬場一帶則是一般中下階層住宅，而英皇御准香港賽馬會在藍塘道有很多馬伕宿舍（現已拆卸，重建成豪宅中之豪宅）。馬伕中有很多人同時是小販，在成和道舊街市賣菜和雜貨（該舊街市現已改建為成和道街市，內有很多有名的食檔）。山村道山上是馬會馬房（現已遷往沙田馬場），每朝早三、四時後便可以見到馬伕由山村道馬房拖着馬匹，步行到跑馬地馬場做晨操。所以在奕蔭街與跑馬地馬場中是一條真真正正的「馬路」，早上只供馬匹使用，當馬匹經過黃泥涌道，馬會職員會截停車輛，讓馬匹先行（如以今標準去看，他們沒有權力那樣做）。偶爾亦有車撞馬或馬踢車的事件發生，要勞動警察幫忙，但那時的處理方法簡單很多，一般會私下賠款了事，很少需要告上法庭。

　　山光道和奕蔭街那時亦開始有較高尚的住宅，當中有些顯貴的二奶居住，所以午飯時間見到很多名車泊滿大廈的停車場，晚上則有大量空置車位。曾聽說有些不甘寂寞和不願獨守空房的二奶，晚上假意需要警察幫忙而搭上一些在外巡邏的同事，更有些後來關係轉差，到警署找麻煩。

這些桃色事件不限於低級同事，很多中外籍同事都不例外，亦經常鬧上警署。當時都會叫有關同事私下「搞掂」。

警署內外賭博成風

八十年代市民的娛樂活動較少，社會賭風甚盛，各式各樣的賭博方式處處皆見，街邊士多的麻雀檔、公園的紙牌局（釣魚、十五糊、客家牌、三公和邪釘等賭博遊戲）和流動大檔（由黑社會和當地有勢力人士開設）都大行其道。當時一般不會驚動警察，除非遇到迫不得已的情況，警察的工作量也因此較少。很多同事喜歡到大廈的看更辦公室或停車場的士多房閒聊或賭錢，更有變成由警察和該處工作的人合作的賭檔。警署亦不例外，飯堂或辦公室都有同事玩紙牌賭博，牌九、十三張，各式各樣的紙牌或骨牌都有。那時有一位爛賭的大寫（翻譯員的別稱），花名叫 Police Dog，當他返工時「嗅」到哪裏有人在賭博，他便會去賭而不工作。

那時不論軍裝、便裝和文職同事都很喜歡賭博，尤其是當值的偵緝人員和揸車（警察司機）的，很多時候因為賭錢而不工作。這現象不單在低層人員中出現，很多中高級的都一樣。最離譜是曾見過一位副署長級人員竟然晚上帶一些人到報案室旁的辦公室打天九，飲酒，還粗語橫飛，

令在報案室工作的低級人員側目，更甚的是叫我們穿着制服當值的同事換回便服，替他們買宵夜和烈酒。

當時的社會崇尚飲靚酒，吃山珍海錯，穿金帶銀，警隊是一個社會的小縮影，這風氣也同時對警隊有一定影響。

廉署成立

另一方面廉政專員公署成立不久，為了要證明其存在價值，他們大展拳腳，很多警署都傳出有人被拉的消息。初期的 ICAC，很多人員都由警隊借調，很熟悉警隊運作，有些曾幾何時一同貪污過的，如今「水鬼升了城隍」！ICAC 在 1974 年成立之前，行賄和貪污是香港的普遍社會現象，是日常生活的一部分，由基層洗太平地到興建高樓大廈，各個階層不同行業都牽涉這勾當，一般小市民和政府外籍高層官員都會參與，只是大家的角色和所享的利益不同。

當時唯一一位公然挑戰殖民地政府的是外籍議員杜葉錫恩女士，她時常接觸基層市民，聆聽他們的意見。當她得知無牌小販需要向負責拉阻街及無牌熟食小販的警察反阻街小隊（Nuisance Squad，俗稱狗王）支付保護費，感到憤怒。她曾親自到英國游説，在港設立廉政公署，她亦特別針對警察的貪污賄賂事件。初期的 ICAC 人員根本不

清楚警察以外的貪污情況，取易不取難的方法就是大舉拘捕警察，有些犯案輕微或沒有證據，有些則手法十分卑劣。理論上在 1974 年前出學堂的警察都有機會被 ICAC 拘捕，警署中只有我們幾個「新仔」不用擔心。警隊內人人自危，沒有人有心情工作，人人只是在等待，過一天得一天。

　　以上就是我在七十年代末出學堂時的香港，沒想到轉眼間已服務了警隊 38 年，畢業當天和當新仔的日子，我仍歷歷在目，沒有忘懷。

香港警隊成立 175 週年
(1844–2019 年)

　　2019 年是香港警察隊成立 175 週年，即 1844 年英國殖民政府佔領香港島三年多後，根據同年法令第 12 號在政府轅門報（憲報）宣佈，5 月 1 日正式成立殖民地警察隊（Colonial Police Force），同時通過首條警察法例授予警務人員權力執行職務。該條條例於第二次世界大戰後，1948 年 8 月 20 日 A201 號政府公告更新為香港法例第 232 章「警察隊條例」（Police Force Ordinance）。

　　為慶祝警隊成立 175 週年，警務處除了出版紀念特刊，介紹警隊歷史和發展外，亦舉辦一連串以「守護香港 —— 服務社羣 175 載」為主題的活動。警察學院院長劉賜蕙於 2018 年 12 月在記者會上表示，期望通過活動展現警隊的專業表現和對社會的承擔，增加市民對警務工作的認識，加強與市民溝通。慶祝活動由警隊 175 週年大匯演暨警民同樂日揭開序幕，於 2019 年 1 月 12、13、19 和

20 日在黃竹坑警察學院基礎訓練學校舉行。內容包括由警隊精英隊伍演出的大匯演，以虛擬 3D 影片講述香港歷史、警隊成立和過往大事件的「環迴警點」。其他慶祝活動包括舉辦長洲、深水埗和山頂的警署開放日、八鄉少訊中心開放日、大館 101、警隊歷史建築物導賞團及展覽、慈善音樂會等。

　　香港郵政亦於 2019 年 4 月 30 日特別發行一套六枚郵票及郵票小型張，介紹警隊不同範疇的工作，包括邊境防衞、罪案偵查、多元文化及平等機會、警察訓練、國際合作和交通管制。

警隊 175 週年紀念郵票，貼在作者為警察郵票學會設計的首日封上。

鳴謝 (排名不分先後)

陳惠芬女士

何家騏博士

何曉儀小姐

何惠珍小姐

何國昆先生

巫雪兒女士

吳傳忠先生

梁雄強先生

香港警務處

香港警隊博物館

香港警務處退役同僚協會

香港警察郵學會

星島報業集團

《頭條日報》